看一眼就记得住的

化学

趣谈

柳杨 著

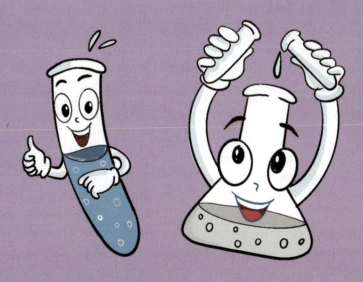

时代文艺出版社
SHIDAI WENYI CHUBANSHE

图书在版编目（CIP）数据

看一眼就记得住的化学趣谈 / 柳杨著. -- 长春：
时代文艺出版社, 2025.3. -- ISBN 978-7-5387-7567-9

Ⅰ. G634.83

中国国家版本馆CIP数据核字第2024Z2P864号

看一眼就记得住的化学趣谈

KAN YI YAN JIU JIDEZHU DE HUAXUE QUTAN

柳 杨 著

出 品 人：吴 刚
产品总监：郝秋月
责任编辑：卢宏博
特约编辑：王 彦
装帧设计：丫丫书装·张亚群
排版制作：东方巨名

出版发行：时代文艺出版社
地　　址：长春市福祉大路5788号　龙腾国际大厦A座15层（130118）
电　　话：0431-81629751（总编办）　0431-81629758（发行部）
官方微博：weibo.com/tlapress
开　　本：710mm×1000mm　1/16
印　　张：9.5
字　　数：114千字
印　　刷：运河（唐山）印务有限公司
版　　次：2025年3月第1版
印　　次：2025年3月第1次印刷
书　　号：ISBN 978-7-5387-7567-9
定　　价：38.00元

图书如有印装错误　请与印厂联系调换　（电话：13701275261）

前言

　　燃烧的火焰、绽放的烟火，美丽的世界存在着无数神奇的化学反应。神奇的化学世界里包含着无穷无尽的知识。探索化学世界，从化学的本质出发，开启一段认知化学世界的奇妙旅程。

　　化学世界绚烂多姿，充满了美丽而浪漫的现象。无论是微观世界原子的交互，还是可以观察到的各种神奇的现象，都仿佛是这个美丽的世界留给我们的某种神奇的"谜题"，解出"谜题"，我们就会打开一扇神奇的大门，去认识一个看似熟悉但是又很陌生的神奇世界。

　　本次旅程之中，我们将走入神奇的微观世界，探索原子世界神奇的现象，认识化学现象的本质，了解化学反应最基本的原理；我们还会去探索元素的世界，看看世界万物是如何在元素的不同组合中形成的，那些不曾被我们看到的神奇元素，是如何影响人类文明的发展；稍作停歇，本次神奇旅程的又一站，是认知奇妙的化学反应，通过化学反应我们会得到新的物质，这些物质构成了我们现实的世界。旅程中，每个原子都是我们的好朋友，它们为我们讲解肉眼看不到的世界所发生的一切，增长我们的知识。我们还会继续研究生活中神奇的化学现象，通过这本书，可以深刻地了解那些生活现象背后的知识。

这本书将带领我们进行一次奇妙的化学之旅，旅途中的种种神奇和美丽，一定会让你流连忘返。在你第一眼看到那些看似抽象的化学概念的时候，或许会不知所云，但是通过这本书，你能真正地进入化学的奇妙世界，真正做到第一眼就记住这些化学知识。

这是一本能让你看一眼就记得住的化学趣谈，奇妙的旅程就此开始，请翻开下一页，开启一段神奇的知识旅程。

CONTENTS

目录

1

肉眼看不到的另一个世界

1.1 物质的构成

　　小时候，当我们看到辛勤工作的蚂蚁，总幻想着把自己的身体变小，然后前往蚂蚁的洞穴，看一看缩小的世界是什么样的。我们也幻想着变成一只蜜蜂，在花丛中穿梭飞行，采集甜丝丝的花蜜，回到蜂巢。那个时候，我们以为蚂蚁、蜜蜂的世界就是最微小的世界。

　　现如今，长大的我们知道，比蚂蚁和蜜蜂还小的有细菌、病毒，而比细菌和病毒还要小的就是分子和原子的世界。它们是构成这个世界的微观粒子，各种物体也是由分子和原子组成的。

　　假设我们现在穿上了一件特殊的装备，这身装备可以把我们变得很小很小，小到什么程度呢？那就是变成分子、原子级别大小。在电影和科幻小说中，如果变成分子、原子大小，我们会看到一个崭新的世界——微观世界。那么现在，穿上这一身装备，让我们化身一个分子，一起去领略一下现实中我们不曾用肉眼看到的世界究竟是什么样的，它是否与电影中有所不同。

现在，开启我们的微观旅程。此时，我们乘坐着缩小交通工具进入装着品红的烧杯里面，我们会发现，整杯水是由数不清的水分子构成的，这些分子间有着很大的空隙，驾驶微观飞船穿梭其间，会发现，品红分子也在这些空隙间穿梭。

此时一个友好的水分子拦住我们，因为我们或许是第一个踏上他们领土的人类。他非常兴奋，主动地自我介绍起来："我是水分子，我的体重约为3×10^{-26}kg，我们这里可是一个人口众多的国度，每1mL的水中，有我3.34×10^{22}个兄弟们。如果10亿人以每分钟100个的速度来为我们一滴水中的兄弟们计数，日夜不停，也要花费3万年的时间。我们之间的距离会随着温度的变化而发生变化，水的状态也因我们之间距离的变化而发生变化。"与水分子兄弟们告别之后，我们回到现实世界，会听到很多细小的声音在向我们介绍。花朵说："我的香味就是分子运动进入你的鼻子，让你闻到的。"糖块儿说："我跳进水中，我的分子与水分子融合，你就能尝到甜甜的糖水了。"此时我们才恍然大悟，原来世界万物，都是由微观粒子构成的呀。今天我们要记住的一个知识点就是，物质是由微观粒子构成的。

看一眼就能记住的知识点

物质是由微观粒子构成的

将一滴品红溶液滴进烧杯中，我们会发现，不一会儿整个杯子

中的水都变成了红色。这一实验现象在生活中广泛存在。在科学史上，学者们针对这一现象进行了充分的探究，他们提出了物质是由看不见的微小粒子构成的设想。随着技术手段的进步，电子显微镜的出现，彻底证实了这样的设想——物质是由微观粒子构成的。

1.2 分子的运动

　　经历了一番在微观世界的旅行，我们对微观世界中分子的情况已经有了一些了解。那么，平日里这些分子兄弟们都是什么状态呢？让我们再次进入微观世界，观察一下这些分子的状态。进入微观世界，你会发现这些分子无时无刻不在运动着。

看一眼 必须收藏的知识点

物质内分子是在运动的，
分子是保持物质化学性质的最小粒子

　　温度高的时候，分子们运动的速率就会加快；温度低的时候，运动就会慢一些。分子与分子间有间隙，气体分子间的间隙更大一些，这也就是为什么气体可以被压缩进钢瓶之中。相同质量的同一种物质，在固态、液态、气态的时候所占的空间是不同的。物质的分子冷的时候"抱团取暖"，热的时候"好聚好散"。热胀冷缩的现象，就与分子运动有着密切的联系。此外，在发生化学反应的时候，一种物质的分子会变成其他物质的分子。综上所述，我们要记住，物质内分子是在运动的，并且分子是保持物质化学性质的最小粒子。

1.3 分子的构成

分子是不是物质内部最小的粒子呢？如果不是，分子又是由什么构成的呢？带着这个问题，我们将装备的缩小系数再次调整，就会进入微观世界的另一个层次——分子的内部。刚进入水分子的内部，我们就听见一个清脆的声音："欢迎来到原子的世界。"于是，神奇的事情出现了，刚才还是一个整体的水分子，现在变成了两个"瘦高"、一个"矮胖"的形态。"瘦高"的率先说道："你好，我们两个是氢原子，化学符号是H。"旁边"矮胖"的说道："我是一个氧原子，化学符号是O。你们刚才看到的水分子，其实就是由两个氢原子和一个氧原子构成的。所以水的化学符号就是H_2O。"

看一眼就能记住的知识点

分子是由原子构成的，原子是化学反应中的最小粒子

原来，分子还可以分成原子。在化学的世界中，化学反应的本

质就是原子间在满足某种条件后，进行自由的结合，最终会结合成为新的分子，也就是化学反应完成后形成了新的物质。比如，在加热氧化汞（HgO）的时候，其原子就会分散开来，氧原子会找到自己的同类，然后两个"矮胖"的氧原子结合在一起，就形成了氧分子（O_2），Hg原子则结合在一起，成为金属汞（Hg），也就是体温计中的水银。在探索诸多化学反应的微观原理的过程中，科学家得到了一个重要的结论，需要我们认真记忆——分子是由原子构成的，原子是化学反应中的最小粒子。

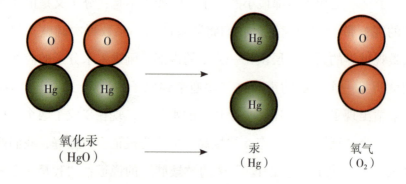

图 1 氧化汞分解的示意图

看一眼
就懂的化学常识

物质微观世界的知识点

分子	不停地运动，是保持物质化学性质的最小粒子
原子	原子构成分子，原子是化学反应中的最小粒子

小 结

　　微观世界的旅途即将结束，我们在化学反应的过程中不难看出，分子的种类在化学反应中会发生变化，但是原子在化学反应中是不会变化的。原子是化学反应中的最小粒子。至此，我们本次微观世界的旅程结束了。回到现实的世界，你是否意犹未尽？你现在可以满怀欣喜地告诉你的爸爸妈妈，我们生活中闻到的气味，尝到的味道都是分子们在微观世界中活动的结果。物质是由微观粒子构成的，物质内的分子是在不断运动的，分子是保持物质化学性质的最小粒子；而原子又构成了分子，原子是化学反应中的最小粒子。记牢上面这些知识，或许有一天，我们还能再次进入微观世界中，感受我们不曾用肉眼看到的另一个世界的美丽。

2

一花一世界，一原子一"星系"？
——原子结构

人类的脚步已经踏上了月球，视野也已经延伸到了宇宙的星系。我们通过卫星拍摄的照片以及望远镜的观察，了解了星球的公转和自转。将视野缩小，进入物质的微观世界，我们会惊奇地发现，在我们肉眼看不到的微观世界里，也运行着另一个和星系相似的"小宇宙"。

2.1 原子内部的结构

夏季的一天，夜空格外晴朗，站在晴朗的夜空下，抬头仰望天空，我们会看到无数星星在向我们眨眼睛。小时候，以为这些星星都是散落的水晶碎片，后来随着知识的不断积累，我们了解到那些闪烁的星星是离我们很远的星球。我们在浩瀚的宇宙中，显得很渺小。

原子的世界，其实和宇宙一样充满了神秘的色彩。接下来，让我们回忆之前认知微观世界的口诀："分子原子构，化变最小粒（分子是由原子构成的，原子是化学反应的最小粒子）"，再次进入原子那不可思议的世界之中。原子很小，小到我们根本无法用肉眼观察到，如果将一个氧原子与一个直径1厘米的小球比较，那么就相当于用一个乒乓球与地球比较。

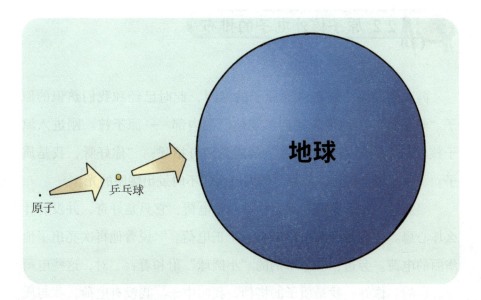

图2　原子大小比较的示意图

看一眼就能记住的知识点

原子由原子核和核外电子构成，原子核一般由带有正电荷的质子和不带电荷的中子构成。原子核所带正电荷与核外电子所带负电荷数目相同。原子核所带的正电荷数等于核内质子数。

随着现代技术的不断发展，科学家可以利用现代化的显微镜，直接观察到原子内部的结构。经过多年的观察和总结，人们发现，

原子内部有原子核，原子核的外部有围绕着原子核运动的电子；原子核的内部又有更小的结构，构成原子核内部结构的微观粒子是中子和质子。

2.2 原子核外电子的排布

再次借助缩小装备来到原子的家园，此时已经和我们熟识的原子"热情好客"地带领我们参观他们的内部——原子核。刚进入原子核，一个闪烁的"小圆球"就向我们打招呼："你好呀，我是质子。"令人惊奇的是，他身上的闪电会时不时发出耀眼的光。

"别怕，这是我携带的宠物——正电荷，它只是好奇，并没有什么坏心思。我们每个质子都带有一个正电荷。"说着他再次亮出了他华丽的电荷。旁边，一个木讷的"小圆球"附和着："对，这些电荷很温顺的。你好，我是质子的搭档，我叫中子。我没有电荷，我与质子一起构成了原子核。"就在这个时候，原子核旁边快速地飞过一个闪耀的身影，拖着长长的尾巴，我们根本看不清楚它的样子。此时原子低沉的声音响起："那是核外电子，他们都带负电荷，喜欢无拘无束，十分活跃。但是他们始终被质子的正电荷吸引着，友好相处。"

一番参观后，本次的旅程又到了尾声。当我们从原子离开的时候，远远地看着它，会发现原子核位于原子中央，核外电子围绕着原子核不停地旋转，恍惚间，你以为这一定是宇宙中一个人类不曾踏足的星系。

看一眼必须收藏的知识点

　　原子核带正电，电子围绕原子核分层排布，第一层最多有 2 个电子，最外层最多有 8 个电子。

　　如果给整个原子"星系"拍摄一张照片，仔细对照片进行研究，你会发现一个很有趣的现象，那就是不同原子的电子排布是不一样的。它们看似活泼好动，但是遵循着分层排布的规律。靠近原子核的电子，最为稳定。电子就仿佛将原子核当作"太阳"一样，围绕

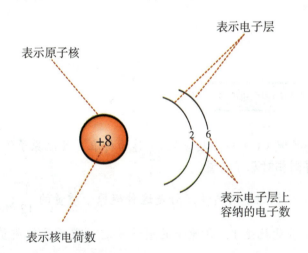

图 3　氧原子电子排布示意图

着它进行公转。靠近原子核的是第一层电子，这里空间狭窄，因此只能容下 2 个电子，从第一层电子向外，依次是第二层、第三层……外层的电子空间大，最多可以容纳下 8 个电子运动。经过这趟"旅程"，我们需要记住：原子核带正电，电子围绕原子核分层排布，第一层最多有 2 个电子，最外层最多有 8 个电子。

2.3 相对原子质量

我们生活的星球，其质量是巨大的，但是对于原子来说，它们的质量要小得多，可以说这些原子都是"瘦身达人"。1个氢原子的质量约为1.67×10^{-27}kg，其他原子的质量也基本都在这个数量级。那么，平日里，我们在需要用到原子质量的时候，书写起来就会很不方便。如何科学便利地表示原子的质量呢？于是，相对原子质量的概念就应运而生。

看一眼就能记住的知识点

以一种碳（C）原子质量的$\frac{1}{12}$作为标准，其他原子的质量与它相比，得到相对原子质量。

比如，氢原子的质量正好是这种碳原子质量的$\frac{1}{12}$，那么它的相对原子质量就是1；氧原子的质量是这种碳原子的质量的$\frac{1}{12}$的16倍，那么氧的相对质量就是16。构成原子的中子、质子的相对原子质量很小，约等于1，电子的质量就更小了，整个原子的质量几乎都集中在原子核上。相对原子质量的应用极大地简化了原子质量的书写，帮助我们更方便地去认知原子的世界，探索更多神奇的奥秘。

看一眼
就懂的化学常识

原子的构成

原子构成	核外电子	带1个单位负电荷		原子中核外电子分层排布,第一层最多2个,最外层最多8个	以一种碳原子质量的 $\frac{1}{12}$ 作为标准,其他原子的质量与它相比,得到相对原子质量
	原子核	中子	不带电		
		质子	带1个单位正电荷		

　　微观世界,就像是宇宙的"星系",原子核就仿佛太阳系中的"太阳"。神奇的是,每个原子的内部,都运行着这样的一个"星系",这不禁让我们怀疑起来,我们生活的世界,会不会也是一个在不断运动的"原子",而我们的地球,不过是太阳这个"原子核"外层的一个电子而已。真是"一花一世界,一原子一星系"。

3 "忙着做生意" 的离子
——离子简介

现实世界中，人与人之间存在着广泛的交易关系。殊不知，在微观的世界中，粒子们也是"做生意"的高手，但是他们交易的可不是我们现实生活中的"钱物"，他们到底忙着交易什么呢？让我们一探究竟。

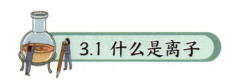

3.1 什么是离子

原子的内部结构，仿佛一个微观的小宇宙。在神奇的微观"旅程"中，我们结识了一个十分有趣的"小精灵"——电子。一个电子带一个单位负电荷，这些电子围绕着原子核运动，但并不安于现状，渴望寻找更加稳定的环境，也渴望结识新的朋友。

再次来到原子的内部，让我们沿着原子核一层层地向外走，寻找电子"小精灵"的足迹。第一层，空间比较狭窄，只能容下两个电子，例如，氦（He）原子，它的最外层被两个电子占据，两个电子相处融洽，因此氦的化学性质就十分稳定。

但是，当我们走进金属钠（Na）的内部，发现共有三个电子层的钠原子的最外层只有孤零零的一个电子，它十分孤独，渴望找到朋友，它会毫不掩饰地告诉你："外面的世界那么大，我要出去瞧瞧。"于是，在神奇的化学反应之中，这个电子就很容易从钠原子的最外层"逃跑"。于是，原子之间的化学反应就在这样的电子得失之间悄悄地完成了。这种失电子（或得电子）后带电的原子被称为离子。

看一眼就能记住的知识点

离子形成的本质就是原子携带电荷。

通过微观的观察不难看出，化学反应的过程就是原子之间电子"交易"的过程。为了更好地观察化学反应，掌握化学反应的原理，在化学学科中，将原子处于失去电子或得到电子的特殊状态称为离子。简单地说，就是离子形成的本质是原子携带电荷。

3.2 阳离子和阴离子

在微观的原子世界中，我们常用阴阳来区分不同的离子。

这不，现在钠原子和氯（Cl）原子正在进行一次"贸易来往"。

原子是天生的"交易者"，它们"买卖"的东西可不是我们日常生活的物品，而是它们原子核外电子层上的电子。钠原子对氯原子说道："我最外层的这个电子总是不老实，弄得我每天都不得安宁，现在我不想要它了，还给它自由。怎么样，有没有兴趣？"氯原子看了看自己的最外层电子有七个，得到一个电子的话正好稳定了，当然十分愿意，于是爽快地答应了交易请求。在这一笔生意中，钠原子失去了一个电子，达到了稳定的结构；氯原子得到了一个电子，也达到了稳定的结构。求"稳定"是原子之间交易电子的根本目的。在这个过程中，失去一个电子的钠原子带正电，我们称它为阳离子；得到一个电子的氯原子带负电，我们称它为阴离子。阴阳平衡，也是化学世界里微观化学反应的智慧与法则。

图 4　钠与氯气反应进行"交易"的示意图

看一眼必须收藏的知识点

原子失去电子→带正电→阳离子；原子得到电子→带负电→阴离子。

由于电子本身带有一个负电荷，失去电子的原子就会带正电荷，而得到电子的原子自然就会带有负电荷。在汉语的语境中，一般将正的定义为"阳"，而对于负的一般定义为"阴"。阴阳互补，正是对化学微观世界中化学反应最好的诠释。因此，在离子进行"交易"的过程中，我们要记住这一"交易"的知识点：原子失去电子→带正电→阳离子；原子得到电子→带负电→阴离子。

离子形成需要记住的知识点

离子形成的本质就是原子携带电荷	
失去电子（带正电）	阳离子
得到电子（带负电）	阴离子

小 结

离子的发现，充分揭示了微观世界化学反应的本质，使得我们更加清晰地了解了化学反应的本质。阴阳离子的形成，体现了化学反应的均衡性，同时更加深刻地展现了化学的美感。

第 二 章

元素的故事

1 物质世界的"偏旁部首"
——元素是什么？

1.1 元素的概念

　　化学世界中，元素是组成物质的基础，就像偏旁部首是组成汉字的基础。那么元素到底是怎样规定的呢？它们又有着哪些有趣的规则呢？我们就来看看元素到底是什么。

　　你有没有想过，为什么鸡蛋壳很容易就被打碎？而石头为什么那么坚硬？水和空气通常是无色无味的，为什么水是液体，空气却是气体？我们世界中的这些物质到底是怎么构成的，它们是不是有着什么内在的联系？

　　带着这个问题，科学家们不断地探索，通过各种方法来分析我们这个世界到底是由什么构成的。化学发展至今，我们发现，组成物质的基本成分只有一百多种，这些成分通过不同的组合构成了世界万物，构成了我们如今可以看得见、摸得着的世界。这就像是汉字一样，基本的偏旁部首就那么几种，但是通过组合，就能构建起来一个庞大生动的语言世界。物质世界中，这些基本成分就是化学世界的"偏旁部首"，它们相互组合，形成了一个丰富美丽的世界。这些组成物质世界的基本成分就是化学中的元素。

不妨来思考这样一个问题，一个鸡蛋壳、一个从海边捡到的美丽晶莹的贝壳，还有一块坚硬的石灰石。你觉得构成它们的元素会是一样的吗？经过科学的实验分析，这三种看上去差别很大的物质实际的主要成分都是碳酸钙，而碳酸钙是由碳、氧、钙（Ca）这三种元素构成的。它们之所以会表现出截然不同的性质，是因为这三种物质内部元素之间排列组合的方式不同。

我们生活的地球的地壳中，就含有很多种不同的元素。我们吸进去的氧气，还有呼出的二氧化碳（CO_2），都含有氧元素，但是二者却是截然不同的两种气体。世界就是这样在元素的排列组合下构成的。

看一眼就能记住的知识点

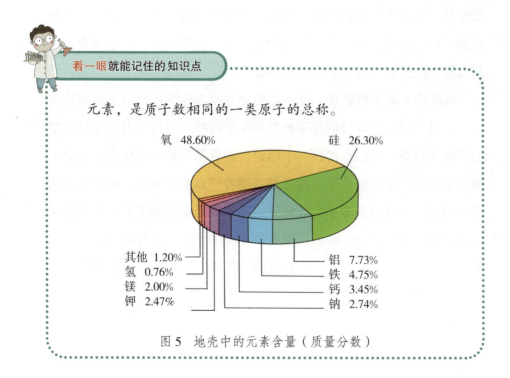

元素，是质子数相同的一类原子的总称。

氧 48.60%　　　硅 26.30%

其他 1.20%
氢 0.76%
镁 2.00%
钾 2.47%

铝 7.73%
铁 4.75%
钙 3.45%
钠 2.74%

图 5　地壳中的元素含量（质量分数）

想想我们曾经到过的原子核的世界，氧原子的原子核中都有8个质子；氢原子的原子核中都有1个质子。为了更好地认知元素，化学中将质子数（核电荷数）相同的一类原子总称为元素。元素组成了我们现在所认知的世界，这需要我们记住。

1.2 元素不变定律

元素的不同排列组合构成了各种物质，这些物质在微观世界中进行了"电子贸易"，从而出现了各种神奇的化学反应。此时，我们还需要注意到一点，那就是在一次化学反应结束后，清点一下在这场神奇的"电子贸易"中，原子们之间是不是"公平交易"，会不会在这场贸易中混进来什么其他的元素和原子。

再次换上缩小的装备，这回我们化身成为化学反应的"贸易检察官"，对"贸易"过后的元素种类和原子的种类进行清点。经过反复的验证和检查，我们会得出一个结论，那就是在化学反应中，无论是多么复杂的"电子贸易"，各方都遵循着"商业规则"。最终形成的新的物质，无论是在原子的数量上，还是在元素的种类上，与化学反应前的旧物质是完全一致的，没有出现新的原子，也没有出现新的元素。每个原子"各取所需"，在新的"秩序"下获得了稳定状态，实现了一次奇妙的化学反应。

看一眼**必须收藏的知识点**

发生化学反应的时候，原子的种类和元素不会改变。

无论多么复杂的化学反应，在最终反应完成的时候，参与化学反应的元素的种类和原子的数量是不会改变的。这是化学学科中一个重要的定律，是需要记住的知识点之一。

关于元素的基础知识点

元素基本概念	元素是质子数相同的一类原子的总称
元素不变定律	发生化学反应的时候，原子的数量和元素的种类不会改变

小 结

元素是化学世界中的基本概念。在物质发生化学反应时，原子的种类不变，元素也不会改变。这似乎是一种守恒的法则，也是我们这个世界稳定存在的基础。设想一下，如果物质在化学反应中，元素和原子在变化完成后存在不确定的增加或减少，那么不仅原子世界将混乱不堪，我们也无法掌握化学反应的规律，物质世界将变得极其不稳定。

2 我就是我,颜色不一样的"焰火"
——元素的焰色反应

2.1 焰色反应

节假日的时候,我们燃放烟花来表达喜悦的心情。细心观察烟花的同学一定在心中产生过这样的疑问,那就是这些五颜六色、转瞬即逝的烟花是如何产生的呢?它到底是一种物理变化,还是一种神奇的化学变化呢?

其实,多年前,化学世界的科学家在进行元素家族研究的时候,就对不同元素燃烧时的火焰进行了观察,发现不同元素在燃烧的时候,往往呈现不同的颜色。这些颜色十分丰富,有绿色、黄色、紫色,它们在短暂的燃烧中,发出耀眼美丽的光芒,特别神奇。

后来,科学家们经过不断的研究和总结,将这种不同元素燃烧时呈现出不同颜色的反应称为"焰色反应"。"焰色反应"就像不同元素的"性格",多种多样,就像那首歌唱道的一样:"我就是我,是颜色不一样的烟火。"

焰色反应是物理变化。

很多人在看到"焰色反应"的时候，会认为这是一个化学变化的过程。但是，多年的研究证实，元素的这一特性实际是一种物理特性，焰色反应是一种简单而纯粹的物理变化。因此，在知识点的记忆中，要记住焰色反应是物理变化。

图6　美丽的烟火秀是焰色反应最主要的应用

2.2 焰色反应的主要应用

几百种元素，就仿佛几百个性格分明的人。它们有着各自的"脾气秉性"，遇到火燃烧的时候，他们就释放出自己难以控制的天

性，呈现出不同的颜色。也正是通过元素这样的"性格"，我们聪明的祖先利用这样的方式，分辨出不同物质的主要构成元素。

中国古代有很多炼丹的道士，可以说他们就是最早的"化学家"。在炼丹制药的过程中，他们发现不同物质燃烧的颜色是不一样的。

早在南北朝时期，医药大师陶弘景（456年—536年）在他的《本草经集注》中就有这样的记载："以火烧之，紫青烟起，云是真硝石（硝酸钾）也。"这些炼丹者，很早就利用焰色反应来验证物质的成分，以便更好地使用这些天然的物质。

随着现代化学学科的建立，我们能够利用更多的手段来探究化合物中具体元素成分的占比，但是焰色反应为我们提供了一扇认知元素个性的"窗子"，通过这扇窗子，我们能够探索出不同元素的"个性"，利用这些元素特性，我们制造出璀璨的烟火。

看一眼 必须收藏的知识点

焰色反应可以用来定性检测物质中元素的种类。

焰色反应基于元素特性而存在，这种物理变化反应激烈，能有效地识别出物质中存在的元素。因此，用焰色反应可以定性地检测出物质中的元素种类，这是焰色反应最为基本的一项应用。

Na   Cu   K   Ca

图7 几种常见元素的焰色反应

常见元素的焰色反应所对应的颜色

化学元素	焰色
钡（Ba）	黄绿色
钙（Ca）	砖红色
铁（Fe）	无色
钾（K）	浅紫色
锂（Li）	紫红色
钠（Na）	黄色

2.3 元素的国际表示方式

我们要想了解一件事物，名字是最直接的。想要弄清楚化学世界的规律，第一步是为元素们命名。在化学世界中，元素的符号有着自己的命名规则。

在当前的化学标准中，国际上统一采用元素拉丁文名称的第一个大写字母来表示元素。例如，氢元素的符号写成"H"，氧元素的符号写成"O"；如果几种元素拉丁文名称的第一个字母相同，就附加一个小写字母来区别，例如，铜元素写成"Cu"，氯元素写成"Cl"，钙元素写成"Ca"。

以上规则相当于元素世界的"语言文字规范"，和文字规则一样，看到这些符号，就相当于看见元素本身，能够更方便地去了解化学世界。记住这些元素的"名字"，方便我们"对号入座"，更加顺利地畅游"化学世界"。

历史上，著名的化学家道尔顿曾用图形加字母的方式来表示元素符号，他也是首位尝试使用符号表示化学元素的科学家。起初，这样的方式方便有效，但是随着发现的元素的种类越来越多，符号设计也越来越复杂，违背了元素符号设计的初衷。后来，人们才使用元素拉丁文的首字母来对元素进行符号命名，这逐渐演变成为如今通用的元素表达形式，并得到广泛的认可和应用。

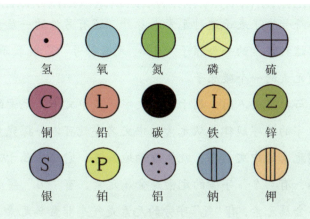

图 8　道尔顿元素符号体系

看一眼就能记住的知识点

　　国际上统一用元素拉丁文名称的第一个大写字母来表示元素和书写元素符号。在进行书写的时候要特别注意，由两个字母表示的元素符号，第二个字母必须小写。

图 9　元素符号不仅表示一种元素，还表示一个原子

元素符号除了表示这种元素本身外，还有另外的一层意思，那就是表示这种元素的一个原子。例如，元素符号"C"既表示碳元素，也表示碳元素的一个碳原子。

中文与拉丁文不同，属于象形文字。在中文中，元素的中文也遵循了汉字的造字规律，从元素的中文名字就可以一探究竟，甚至我们看到元素的中文名字，就能准确地知道，它应该属于哪一类元素。例如，有"钅"字旁的元素是金属元素，有"石"字旁的元素为固态非金属元素，有"气"字旁的元素是气态非金属元素，有"氵"字旁的元素是液态非金属元素。其中只有金属元素"汞"例外，它属于金属元素，其余的所有元素的名字都遵循以上的规则。

焰色反应以及元素命名的相关知识点

焰色反应	本质上是物理变化，可以利用该反应定性甄别物质中含有哪些元素
元素命名	国际上统一用元素拉丁文名称的第一个大写字母来表示元素（注：由两个字母表示的元素符号，第二个字母要小写）
	中文利用汉语中象形文字的优势为不同元素命名，通过元素的汉字名称就能知道该元素属于哪一类元素

小结

每一种元素都有着自己的"个性"，利用这种"个性"的焰色反应可以探知物质的组成。给每一种元素起一个名字，可以帮助我们更好地探索化学世界。记住命名规则，这是打开化学世界大门的"钥匙"。

3 一位有趣的老头儿和他的"武林秘籍"
——元素周期表

武侠片中我们经常看到有些"菜鸟"在获得了"武林秘籍"后，"武功"得到了巨大的提升，甚至一跃成为"天下第一"。那一本"武林秘籍"就是获得成功的关键。可能每个人小时候都会梦想得到这样的一本"武林秘籍"。在化学世界里，也有这样一本"武林秘籍"，获得了这本"秘籍"，就相当于打通了"任督二脉"，可以在化学的"武林"中，获得更高的"地位"和"成就"。这一本"武林秘籍"就是"元素周期表"。

3.1 元素周期表排序规律

逛超市的时候，琳琅满目的商品让我们眼花缭乱。成百上千种的商品，为我们的生活提供了便利条件。你有没有发现，超市中的货物都是分门别类摆放的，按照货物种类的不同，进行了清晰的分区，我

们可以在指定的区域中，很快地找到我们所需要的商品。货物商品有序地摆放，还会让超市显得十分整齐，让人们拥有更好的购物体验。

图 10 超市中商品分门别类有序地排列

在化学的世界中，已知的元素有一百多种，这些元素组成了我们现实所认知的世界。为了更加方便地研究元素的性质和用途，更好地去掌握不同元素的规律和性质，科学家们在研究元素的内部结构和性质的基础上，通过分门别类的方式，将这些元素进行了系统的排列和归纳，最终使得纷繁复杂的化学元素，汇聚在一张表上。这就好像武侠世界的"绝世武功"往往都是藏在最为简单的"武林秘籍"之中。化学世界的"武林秘籍"就是这一张"元素周期表"。说到这本"武林秘籍"，它的发现和一位化学世界的"武林高手"密不可分。

化学元素周期表是根据元素原子核电荷数从小至大排序的化学元素列表。

化学元素周期表进行元素分类的方式是按照元素的核电荷数的大小从小至大进行排列。这样的排列方式，让我们很容易了解到元素原子的结构，同时，这样的排列也很直观地体现了元素自身的化学性质，为我们深入研究化学世界的变化打下了坚实的基础。

3.2 元素周期表的发现

这位大胡子的"武林高手"叫门捷列夫，出生在俄国，童年时居住在西伯利亚。在一位教师的指导下，他小时候就对化学产生了极大的兴趣。长大后，他跟随母亲来到彼得堡，在彼得堡师范学院学习，系统地学习了化学学科。1867年，门捷列夫担任教授期间，为了系统地教授好无机化学这一门课程，他开始编写《化学原理》。在编写的过程中，如何更加清晰有逻辑地组织编排已经发现的63种化学元素，并且能够让学生更好地记忆，是最让门捷列夫头疼的事情。

图 11 俄国化学家门捷列夫

　　他尝试了很多种方法，也借鉴过一些前辈化学家的方法，但始终不是很理想。

　　有一次，在朋友的聚会上，一向很少参加牌局的门捷列夫被邀请加入一场牌局。当他抓起扑克牌的时候，他的头脑中突然闪过一个想法："扑克牌上的数字和符号，不是正好可以用来进行元素的编排吗？"

　　回到家里，门捷列夫准备了许多类似扑克牌的卡片，将63种化学元素及其相对原子质量、氧化物以及物理性质分别写在卡片上，然后一遍遍地对这些特殊的"扑克牌"进行整理和排列，但始终未得到突破。

　　直到有一天，门捷列夫继续对着这些卡片冥思苦想的时候，他先把常见的元素按照相对原子质量递增的顺序排在一起，之后是那些不常见的元素，最后将那些稀土元素放在一旁。此时，门捷列夫惊奇地发现，所有已知的化学元素已经按照相对原子质量递增的顺序排列了起来，并且性质相似的元素以一定的间隔出现。这一次有趣的"纸牌排序"，可能是世界上最伟大的"纸牌游戏"了。门捷列夫将自己"排序"得到的结果进行了重新整理，就得到了人类历史上第一张化学元素周期表。从此，一个有趣的"大胡子老头儿"和他的"武林秘籍"在科学史上留名，并且在接下来的百年时间中，指引着一代代科学家继续探索，最终形成了我们现在所使用的元素周期表。

看一眼 **必须收藏的知识点**

　　俄国化学家门捷列夫于1869年总结发表了第一代元素周期表。后续科学家在他总结的基础上，不断地进行扩充，形成现在的元素周期表。

　　一位有趣的老人为我们留下的这本"武林秘籍"是我们成为化学世界"武林高手"的关键。下面我们就跟随着这本"武林秘籍"，一起来了解其中的奥秘。

看一眼就能记住的知识点

　　元素周期表共有 7 个横行，18 个纵列。每一个横行叫作一个周期，每一个纵列叫作一个族（8、9、10 三个纵列共同组成一个族）。

　　元素周期表按元素原子核电荷数递增的顺序给元素编了号，这就是原子序数。原子序数与元素原子核电荷数的数值相同。"武林秘籍"中，对金属元素、非金属元素和稀有气体元素进行了不同颜色的区分，并标上了相对原子质量，方便我们更好地了解每个元素的特性。这就像是"武林秘籍"中，一招一式地分解教学，帮助我们走进元素的世界，了解元素的各种特性，并且能够掌握这些知识。

元素周期表需要一眼记住的知识点

元素周期表排列规律	按照元素的核电荷数排列
元素周期表的发现	俄国化学家门捷列夫首先发现，后来的科学家不断补充完善
	元素周期表共有 7 个横行，18 个纵列。每一个横行叫作一个周期，每一个纵列叫作一个族（8、9、10 三个纵列共同组成一个族）

小结

　　伟大的科学成就有时候来自"偶然"，但这"偶然"的背后是对科学不断探索的精神与坚韧不拔的毅力。元素周期表这一"武林秘籍"的出现，是伟大科学家们共同的杰作，是人类智慧的结晶。

4 人身体里的"化学元素周期表" ——人体内的元素

从出生至长大成人，我们的身体会经历不断的变化，这是一个神奇的过程。你可能不知道的是，在这个过程中，各种化学元素在其中扮演着重要的角色。我们的血液离不开铁元素，我们的骨骼离不开钙元素，锌元素能促进我们的大脑发育。总之，我们的身体中有一张"特别的化学元素周期表"，其中的每一种化学元素都与我们的健康与成长息息相关。

4.1 人体内的元素

我们的身体是一个系统，通过不同的器官协作维持我们的生命体征。器官是由细胞构成的，而维持细胞正常"工作"离不开各种元素。人体内的元素有很多种，目前经过研究发现，组成人体的元素有六十多种。自然界中常见的化学元素在人体内都能找到，并且与人的健康息息相关。人如果极度缺少某种元素，人的生命就会受到威胁。所以了解我们身体中存在的元素，很有必要。

　　人体内的元素，经过探索，可分常量元素和微量元素。

　　常量元素就是在人体内含量超过 0.01% 的元素，通过研究发现，人体的常量元素主要是碳元素和氧元素，另外还有其他 9 种在人体中占比超过 0.01% 的元素。

　　因为人体细胞中存在大量的水，而水是由氢元素和氧元素组成的，所以氧元素占据细胞鲜重的 65%，氢元素占据 10%；碳元素占据 18%。这三种元素占据了整个细胞鲜重的 93% 之多。

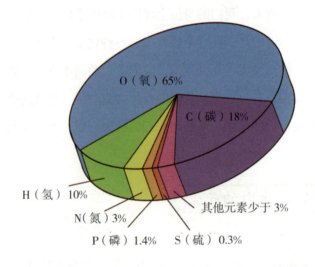

图 12　人体中各种元素的占比

　　虽然常量元素在人体内占据的比重很高，但是这不意味着其他的元素就不重要。那些微量元素，也影响着我们人体的健康。

4.2 微量元素

一些微量元素在人体内的含量虽然小，却是维持正常生命活动所必需的。它们主要包括碘（I）、锌（Zn）、硒（Se）、铜、钼（Mo）、铬（Cr）、钴（Co）以及铁。这些元素都是人体生命运行所必不可少的，如果缺少了这些元素，就会带来身体上的不适，如果极度缺乏，那么就会危及生命。

人体必需的微量元素铁，在人体内的总量大约是4～5g，铁主要参与血红蛋白的合成，在血红蛋白中的含量约为72%。因此，如果缺少铁元素，人体内的造血功能就会受到影响，可能会出现贫血，严重的会出现休克。因此，在日常饮食中，我们应该适当地摄入含有丰富铁元素的食物，例如肝、瘦肉以及蛋等食物，这样可以有效地补充人体中的铁元素，帮助人体更好地造血，让我们享受健康的生活。

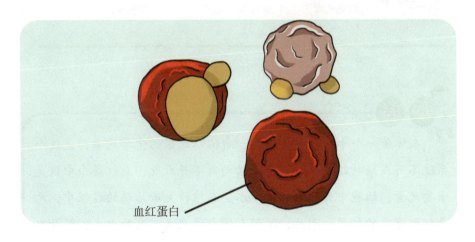

血红蛋白

图13　铁元素是血红蛋白中的主要元素

其他的必需微量元素也是人体生命活动所必不可少的，在日常的生活中，我们一定要注重饮食的均衡性，保证摄入充足的微量元素，这样才能保证我们的身体健康。

看一眼必须收藏的知识点

微量元素中，分为必需微量元素和非必需微量元素。

根据微量元素的功能以及对人体的重要程度，可以划分为必需微量元素和非必需微量元素。微量元素对人体健康有着十分重要的影响。

人体中元素的分类

人体中的	常量元素	人体中常见元素（C、H、O等）	
化学元素	微量元素	必需微量元素	非必需微量元素

小结

人体是一个十分精妙的系统，看似不起眼的化学元素，是这个系统不可或缺的组成部分。生命活动离不开氧气；血红蛋白中铁是重要元素；细胞中大部分物质是水。在维持生命活动的过程中，元素起到重要的作用。因此，了解人体内的元素，有助于我们解开自己身体的奥秘，帮助我们保持健康。

第 三 章

奇妙的化学反应之旅

1 来自化学世界的一次"聚会"
——什么是化学反应

1.1 化学反应的本质

　　化学世界千变万化，通过各种化学反应，我们生产出了很多日常生活不可或缺的产品。我们使用的墨水、吃饭用的塑料餐具、洗脸用的肥皂等，都是通过复杂的化学反应得到的。可以说，如果没有化学反应，就没有我们这个缤纷多彩的世界。

　　在远古时期，人们对于化学反应一无所知，但是化学反应所产生的一些神奇的效果已经被我们聪明的祖先应用在生产生活之中。

　　在那个祖先经常成为野兽"盘中餐"的时代，我们的祖先外出十分小心，他们结成群体，共同生活，抵御危险。后来，偶然的机会，他们发现雷电过后，一些树木会燃烧产生热量和光，于是聪明的古人就发现了火，并且开始应用火。火，是影响人类文明进程的一次发现。从火的应用开始，我们的祖先开始逐渐向文明方向发展。

火能够燃烧草木，带来光和热，这正是一种常见的化学反应。后来，祖先用火燃烧荒地，发现烧过的荒地上植物长得会更好，于是，人们开始烧除杂草，种上庄稼，开启了"刀耕火种"的年代，孕育出了人类文明。

图 14　原始人用火烧烤食物

看一眼就能记住的知识点

　　燃烧是一种常见的化学反应，现代化学学科中，从微观的角度观察，化学反应的本质是化学物质间能量的传递，是分子破裂成原子，原子又重新排列组合形成新的分子的过程。这个过程会伴随产生各种发热、发光等能量交换的物理现象。

1.2 化学变化和物理变化的区别

　　在学习过物理和化学两门学科之后，很多同学脑海中会有很多的问号，生活中那么多现象，到底哪些是化学变化，哪些是物理变化呢？

　　其实在实际生活中，化学变化和物理变化并非"泾渭分明"。很多时候，化学变化和物理变化之间有着千丝万缕的联系。从下面关于

水的介绍中，或许我们可以找到关于化学变化和物理变化的答案。

水是"人类的好朋友"，是生命赖以生存的物质。人类的生产和生活都离不开水的参与。在日常的温度下，水呈液态，也是我们日常最熟悉的模样，但是随着温度的变化，水能够变成不同的形态。温度低于0℃的时候，液态水就变成了坚硬的固体冰；温度超过100℃的时候，液态水就会变成轻飘飘的气体水蒸气。在这一系列的变化之中，水依然还是我们熟悉的水，在化学性质上并没有任何的变化，只是形态不同而已。这种变化过程中没有新物质生成的过程就是所谓的"物理变化"。

当用电极给水通电后，水分子内部的电子就发生了转移。在这个过程中，水的性质就开始发生了变化，开始有新的物质产生。电解水后，你会发现，能够产生出一种易燃易爆的气体和一种能够助燃的气体，这两种气体分别是氢气和氧气。这两个"小伙伴"是从水的"身体"中分离出来的。这种产生了新物质的变化，就是所谓的"化学变化"。

其实在日常的生活中，水经常参与到各种变化之中。这里面有一个小秘密，那就是物理变化和化学变化其实是互相联系的"好兄弟"，在一些复杂的变化中，往往既有化学变化又有物理变化。

图 15 水的"三态"变化是物理变化

看一眼必须收藏的知识点

化学变化产生了新物质；物理变化不产生新物质。

通俗意义上的理解也很简单，那就是：产生了新物质的变化称为"化学变化"；不产生新物质的变化称为"物理变化"。

1.3 化学变化中物质的质量守恒

化学变化每天都在我们的生活中发生，我们的生活也正是建立在化

学变化的基础上的。早晨起床，打开炉灶，做一顿美味的早餐，天然气就是通过化学变化产生的清洁燃料；上学、上班的路上，我们乘坐的汽车，其零部件的材料是通过化学变化来合成的；在课堂上，翻开书本，制成书本的纸张也是经过一系列复杂的化学变化形成的；忙碌了一天，吃上一顿美味的饭菜，吃饭使用的塑料餐具餐盒，更是现代化工产业的产品。现代人的生活已经离不开化学变化，化学变化无处不在。

我们知道化学变化是形成新物质的过程。那么思考一下这样一个问题，反应前的物质和生成的新物质在质量上有什么变化吗？

这个问题，早在1774年，化学家拉瓦锡就精确地定量研究了化学变化中反应物和生成的新物质的质量关系。他在氧化汞分解和合成的实验中，精确地测量了各种物质质量之间的变化关系。45份的氧化汞加热分解，恰好得到了41.5份质量的汞和3.5份质量的氧气。这个神奇的发现，为我们揭示了化学反应中一个十分重要的定律——质量守恒定律。

后来，不少科学家在实验室中对这一定律进行了充分的验证。如此看来，化学世界是一个"公平交易"的世界，遵循这个世界的一般规律：物质既不会凭空地产生，也不会凭空地消失。

图 16　化学反应中的质量守恒定律

看一眼就能记住的知识点

大量实验证明，参加化学反应的各物质的质量总和等于反应后生成的各物质的质量总和。

化学反应前后各物质的质量总和必然相等的这一规律，总结起来就是一句我们需要牢记于心的"秘诀"：参加化学反应的各物质的质量总和，等于反应后生成的各物质的质量总和，这个规律就叫作质量守恒定律。

1.4 质量守恒定律的解释

此次化学世界的旅程到了这里，我们心中可能会产生疑惑，为什么化学反应中物质的质量是守恒的呢？都有新的物质生成了，怎么质量还没有发生变化呢？

从微观层面看，化学反应过程是电子交换的过程。原子的"电子贸易"是"公平公正"的贸易，容易得到电子的原子会得到电子，容易失去电子的原子会失去电子，这样就达成了一种平衡。而正是因为这种平衡的关系，使得整个化学反应过程中，只是原子之间进行电子交换产生了新的物质，而原子的质量和其本身的种类没有发生任何变化。

因此，参与化学反应的原子的种类、数目和质量都没有发生变化，这是化学反应中质量守恒定律的微观解释。

　　宏观上，我们再来看一个实验。取一根用砂纸打磨干净的镁条（Mg）（打磨的目的主要是擦去镁条表面的氧化成分，让其更好地参与反应），将其放在托盘天平上称重，记录质量；在陶土网上方将其点燃，然后将燃烧后的产物称重，会发现生成物的质量增加了。看到这个实验结果，是不是觉得质量守恒定律不对了呢？其实，这主要是因为镁燃烧时和空气中的氧气发生了反应，得到了氧化镁（MgO）。根据质量守恒定律，反应物的质量的总和才与最终产物的质量相等，因此最终产物的质量应该是燃烧的镁和参与反应的氧气的质量的总和，所以这个实验结果并不违反质量守恒定律。

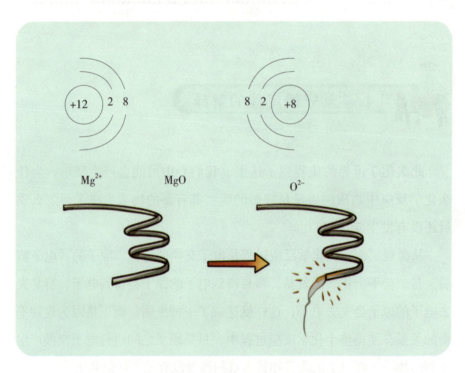

图 17　镁条燃烧的微观解释

关于化学反应需要掌握的知识点

化学反应质量守恒的本质是反应前后的原子种类没有改变，数目没有增减，原子的质量也没有发生变化。

化学变化在微观上，实质是原子之间的电子交换。整个过程中，原子的种类没有变化，数目本身没有增减，原子的质量也没有发生变化。宏观上，化学变化前后物质的质量就是守恒的。

化学反应本质	分子破裂成原子，原子重新排列组合生成新分子的过程	
化学变化和物理变化的区别	化学变化	有新物质生成
	物理变化	没有新物质生成
质量守恒定律	参加化学反应的各物质的质量总和，等于反应后生成的各物质的质量总和，这个规律就叫作质量守恒定律	
质量守恒的微观解释	化学反应质量守恒的本质是反应前后的原子种类没有改变，数目没有增减，原子的质量也没有发生变化	

小 结

　　化学变化是世界运转的重要基础。掌握化学反应的规律，可以帮助人类创造新的财富和文明。掌握质量守恒的规律，认知其本质，是走进化学反应世界的一扇门，也是认知化学学科的重要思维基础。世界变化万千，掌握变化的实质规律，是学好化学的关键。

2 "创造力爆棚"的反应
——化合反应

2.1 化合反应

　　化学反应就像是神奇的魔术，不同物质在微观层面上进行"电子"的交易，来不断地完成不可思议的反应，生成不同类型的产物。此次旅程我们将继续进入化学反应的王国，探索那些新奇有趣的化学反应。

　　本次化学之旅的列车已经进入了化学反应的国度，今天我们要来到的第一站，就是化学反应中一种十分重要也是十分常见的反应类型——化合反应。

　　你看那里，有一块乌黑的东西，正在化学反应的"交易所"中进行着化学反应，我们一起去看看吧。

　　走到近处我们才发现，原来是碳老兄正在这里排队进行化学反应。看到我们，它和我们打起招呼："嗨！我是碳，是你们人类离不开的燃料的重要组成元素。我存在于自然界之中，是十分重要的一种

元素。这不，今天我要进行一次最基本的化学反应，那就是燃烧。可是我找不到能使我燃烧的小伙伴——氧气了，你们看到了吗？"此时我们才发现，化学王国在进行化学反应的时候，是有着不同检查窗口的。碳和氧气燃烧的化学反应，按照通行证上的指示，应该在化合反应的窗口。作为第一次参加化学反应聚会的碳来说，它也弄不清楚这些反应是怎么回事，于是我们跟随着它，一起询问了在化合反应窗口值班的守卫。

守卫很随和，她用慢条斯理的语气为我们介绍了这个检查站的判定规则。她说道："化合反应指的是由两种或两种以上物质生成另一种物质的反应。也就是说，你和伙伴们通过化合反应就能变成一种新的物质，这种新的物质的化学性质和你们之前的化学性质完全不同。"碳此时想了想说："我的梦想是变成气体，这样我就能在空气中自由地飞翔了。"管理员笑笑对它说："那你和氧气一起进行化合反应，就能变成二氧化碳气体，这不是正好符合你的梦想了吗？""可是我找不到氧气了。"碳有些悲伤地说道。就在这时，软软胖胖的氧气出现了，它说："对不起啊，我很忙，很多化学反应都需要我的参与，特别是燃烧这种反应，没有我是不行的。现在，我来了，你准备好了吗？碳的化合反应之旅马上可以开始了。"碳坚定地点点头，走进了化合反应的大门。随着燃烧的火焰亮起，不一会儿，碳就和氧气化合成为无色无味的二氧化碳气体。随着碳成了一种新的物质，飘浮在空中，它也终于实现了自己的梦想。

化合反应的检查处，参加反应聚会的化学物质络绎不绝。它们都是成群结队地聚在一起，通过反应后，就变成了另一种物质，实现了它们单独时候不曾实现的梦想。

磷（P）和氧气燃烧生成了五氧化二磷（P_2O_5）；氢气和氧气燃烧

生成了我们生存所必需的水。各种化合反应每天都在发生，生成的新物质有着很多新的特性，可以丰富我们生活的世界，为我们带来更多的便利。化合反应是化学世界"创造力爆棚"的一种反应，两种或者几种物质添加在一起，最终形成了一种新物质，具有全新的性质。

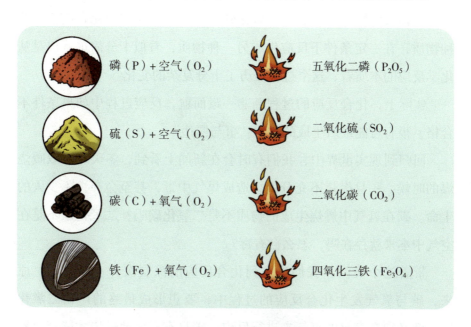

磷（P）+空气（O_2） 燃烧 五氧化二磷（P_2O_5）

硫（S）+空气（O_2） 燃烧 二氧化硫（SO_2）

碳（C）+氧气（O_2） 燃烧 二氧化碳（CO_2）

铁（Fe）+氧气（O_2） 燃烧 四氧化三铁（Fe_3O_4）

图 18　几种常见的化合反应

看一眼就能记住的知识点

化合反应指的是由两种或两种以上物质生成另一种物质的反应。

物质 A+ 物质 B+……══物质 C，这个表达式很好地诠释了化合反应的概念与特点。

2.2 化合反应的过程

碳和氧气燃烧后，生成二氧化碳，这是一个典型的化合反应。两种物质，在一定条件下反应生成另一种物质，看似十分简单，但是从化学反应的本质看，这个过程经历了十分复杂的变化。

实际上，化合反应的过程并非一蹴而就，反应过程中如果条件不合格，很有可能最后生成的物质"事与愿违"。

回归到现实世界中，我们有时会在新闻上看到，冬天北方取暖烧煤的时候，一旦燃烧不充分就会造成煤气中毒，甚至会夺去不少人的生命。碳在氧气中燃烧生成的物质不是二氧化碳吗？二氧化碳不是在空气中本来就存在吗，怎么会有毒？

带着这个疑问，我们进入到化合反应的深层次，一探究竟。原来，碳与氧气发生化合反应的过程中，要想形成最终的产物二氧化碳，就必须有充足的氧气来进行反应。碳只有充分地燃烧才能全部转化为二氧化碳，而如果参与反应的氧气的量不足，碳燃烧就会产生大量的中间产物，也就是一氧化碳（CO），而这一产物是有毒的。众所周知，负责给我们的身体器官运送氧气的是红细胞，而一旦缺少氧气，人体必然会因缺氧而出现器官衰竭。一氧化碳比氧气更容易进入到人体的红细胞里面，红细胞就会将一氧化碳当作氧气运输到人体各处，最终将会导致器官缺氧，危及生命。

冬季北方烧炭取暖的时候，人们一定要特别注意在睡觉前检查火炉中的炭火是否燃烧完全，千万不可在炉膛中加入过多的炭，以免煤炭燃烧不充分产生一氧化碳。发现有一氧化碳中毒迹象的时候，第一时间要做的就是迅速打开门窗，及时将中毒者转移到通风的地方，同时马上拨打120救援电话，将中毒者迅速送往医院。

化学反应是我们生活中必不可少的"魔法"，但是这样的"魔法"也同样可能给我们的生命带来威胁。学习化学知识，让我们更加全面地了解化学反应的"魔法"，去掌握和利用好"魔法"，使之为我们的生活服务，帮助我们创造出更加精彩的世界。

图 19　冬季取暖要注意防止一氧化碳中毒

看一眼必须收藏的知识点

碳的燃烧反应中，碳如果不能充分燃烧，会产生一氧化碳，而一氧化碳是有毒的。

碳和氧气的化合反应需要一个过程，这一过程的中间产物就是一氧化碳，一氧化碳是一种无色无味的有毒气体。

 2.3 化合反应的能量传递特点

　　化合反应中最为常见的反应物之一就是氧气，可以说，很多物质，包括金属和非金属，都能和氧气进行化合反应形成新的物质。大多数情况下，化合反应都是释放能量的，但这并不是绝对的。在化学王国中，也有部分化合反应过程中是吸收能量的。下面，我们来到化学王国，采访几个参与化合反应的物质，让它们说说自己参与化合反应时候的能量传递情况。

　　首先采访的是黑色的碳。它神采奕奕，虽然浑身黑得发亮，但是它可是生活中必不可少的能量来源。日常生活中，人们经常利用碳在氧气中燃烧发生化合反应释放能量的原理来供给能量。碳说道："我和氧气是好搭档，我在氧气中燃烧后，会发出耀眼的白光，并且能够生成让澄清石灰水变浑浊的气体。你们猜猜这种气体是什么？"此时，一旁的氧气说出了答案，并直接写下了反应的化学方程式：

$$C + O_2 \xrightarrow{\text{点燃}} CO_2$$

　　这时候，发型帅气的铁在一旁迫不及待地用洪亮的声音介绍起了自己："我是铁，最为坚强和正直。我有很高的强度，可以制作成各种工具，铁器推动了社会的进步和发展。直到现在，我依然是大家生活中最常见到的金属之一。别看我坚硬，我也会和氧气发生反应。铁粉在氧气中燃烧的过程，反应十分剧烈，火星四溅，放出大量的热，最终生成黑色的固体。你们猜猜这种黑色固体是什么？"此时，一旁的氧气又很快地给出了答案，并直接写下了反应的化学方程式：

$$3Fe+2O_2 \xrightarrow{\text{点燃}} Fe_3O_4$$

图 20　铁燃烧释放大量的热量

　　此时，一个步伐轻盈的身影走了过来，它浑身充满了亮丽的光泽。定睛一看，原来是铝（Al）。它的身材远比铁要轻盈，说道："我虽然没有铁大哥被发现和应用的时间长，但是我不易生锈，体格轻盈，已经成为现代人们的新宠。那你们知道我为什么不容易生锈吗？这也要感谢氧气大哥，在我与氧气大哥反应的过程中生成的物质会像保护膜一样覆盖在我的表面，让我变得耐腐蚀、不易生锈，这层物质你们知道是什么吗？在点燃的情况下，我会发出耀眼的光，放出大量的热。"氧气大哥看了看铝老弟，笑着说出了反应的化学方程式：

$$4Al+3O_2 \xrightarrow{\text{点燃}} 2Al_2O_3$$

图 21　铝被用于制作易拉罐等多种容器

　　几种物质在这里神采奕奕地说着自己与氧气反应的情况。这个时候，来了一个非金属，它有些沉默，脸色发黄，原来是硫（S）。面对采访，它看上去有些紧张，半天才描述起来："我是硫，非金属，我和氧气的化合反应也是放热的过程，反应时产生明亮的蓝紫色火焰，最终生成的气体有刺激性气味。"具体的化学反应方程式如下：

$$S + O_2 \xrightarrow{\text{点燃}} SO_2$$

　　经过以上几种物质的介绍，可以说氧气是最为自豪的物质了，因为这些物质都与它进行了化合反应，并且反应都十分剧烈，释放了能量。就在几种物质以为化合反应都是释放能量的时候，氧气见多识广，为大家介绍了自己的经历："作为自然界中生命存在所必需的气体，我确实和很多物质都能发生剧烈的化合反应。但是，不是每次的化合反应都是放热的，也有一些需要吸热的情况。二氧化碳（也就是让澄清石灰水变浑浊的气体）与碳在反应的时候，就需要吸收很多的热量才能进行。"氧气顺手将化学方程式写了下来：

$$CO_2+C \xrightarrow{\text{高温}} 2CO$$

此时，所有的物质都不再争论了，它们心中默默地记住了化合反应最为普遍的一个规律：化合反应一般释放能量，但不是所有的化合反应都是放热反应。

看一眼就能记住的知识点

化合反应一般释放能量，但不是所有的化合反应都是放热反应。

关于化合反应需要记住的知识点

化合反应	化合反应指的是由两种或两种以上物质生成另一种物质的反应（A+B ══ C）	
化合反应的生活实例	化合反应中，碳如果不能充分燃烧，会产生一氧化碳，而一氧化碳是有毒的	紧急处理：通风、及时拨打救助电话
化合反应的能量特点	化合反应一般释放能量，但不是所有的化合反应都是放热反应	

小结

　　化合反应是化学反应中一种重要的反应类型，其特点就是两种或两种以上的物质通过一定条件形成另一种物质。在这个过程中，大多数的反应是较为剧烈且释放能量的过程，但是也有个别的反应需要吸收热量。此外，化合反应并非一蹴而就直接产生最终产物，很多反应是需要一个过程的，如果条件不充分可能会产生中间产物。了解反应本质，才能更好地利用化合反应。

3 堪比"拆家"的反应
——分解反应

3.1 分解反应

　　分解反应是四大基本反应类型之一，上一节我们了解的化合反应也是基本反应类型之一。我们从分解反应这个名字入手，就很容易理解这种化学反应了。"分解"中"分"就是分开的意思，"解"就是拆解形成了新的物质。也就是把一种物质，通过化学反应变成了两种或者多种物质。这就好比我们玩汽车玩具的时候，把一个汽车整体拆解成为多个零部件一样。

　　说到分解，相信大家对于一个名字一定十分感兴趣，那就是"哈士奇"。在网络视频中，我们能看到，哈士奇的"分解"能力可是在"汪星人"界出了名的。主人不在家的时候，它们总能以不可思议的方式把家拆掉，什么沙发、椅子都不在话下，吹风机、电水壶更是难逃被拆的命运。总之，它能凭借一己之力，将主人的家拆成一个你不

认识的模样。

分解反应其实堪比"哈士奇拆家",但是,分解反应的"拆家"可不是乱拆。它是在一定的化学反应条件下,将一种化学物质"拆解"成两个或者两个以上新的物质。可以大胆地理解成,分解反应是一个拆解重组的过程,就是"一变多"。

比如,用一个烧杯装满纯净水,然后把通电的电极放进烧杯之中,等待片刻,就会产生十分神奇的现象,通电电极的周围开始有气泡产生,这说明水在直流电的作用下,发生了某种奇妙的反应。此时,在正极附近,我们放上一根带火星的木条,神奇的事情出现了,带火星的木条居然奇迹般地复燃了;在负极一边,用火柴去点产生的气体,发现气体很容易就被点燃了,并且会产生淡蓝色的火焰。实际上,这是水在电流的作用下,发生了电解,正极附近产生的能够使带火星的木条复燃的气体,就是我们生命活动离不开的氧气;而在负极产生的能够燃烧并产生淡蓝色火焰的气体就是氢气。这是一个典型的分解反应,化学方程式如下:

$$2H_2O \xrightarrow{\text{通电}} 2H_2\uparrow + O_2\uparrow$$

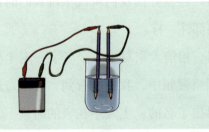

图 22　电解水的实验装置

在能源紧缺的当下，人们正在积极探索和寻找新能源。其中氢能源作为绿色能源，有着广阔的发展前景。电解海水，是制备氢能源的一种简单而有效的方式。海水在地球上十分常见，电解海水产生氢气，然后利用氢气作为能源，目前有的国家已经在进行尝试了。

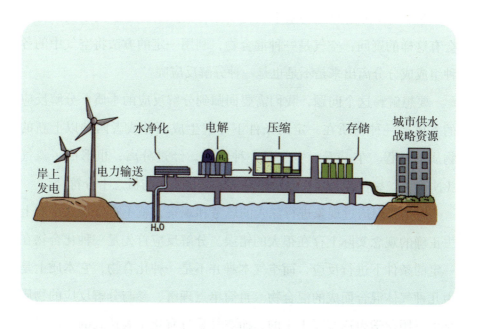

图 23　海上电解海水制取氢能源的概念图

看一眼就能记住的知识点

分解反应是指由一种物质反应生成两种或两种以上新物质的反应。

物质 A 在一定条件下，分解生成物质 B+ 物质 C+⋯⋯的过程，这就是分解反应。

3.2 气体分离与分解反应的区别

在学习了分解反应的基本变化规律和要点后，很多同学们头脑中会有这样的疑问：空气是一种混合物，利用一定的方法将空气中的各种组成成分分离出来是不是也是一种分解反应呢？

要想解释这个问题，我们需要回归到分解反应的本质。分解反应的本质是一种物质在一定的条件下分解生成两种或者两种以上新的物质的过程。乍一看，空气是一种物质，经过分离，也形成了氮气（N_2）、二氧化碳、氧气以及稀有气体等物质，与概念十分符合。

但是我们透过现象进行深入的思考和观察，就不难发现这样看上去正确的观念实际上存在很大的错误。分解反应首先是一种化合物在一定的条件下进行反应，而空气本身并不是一种化合物，它本质上是由几种气体混合而成的混合物。再简单点理解，参与分解反应的物质是可以用化学表达式写出来的，而空气是没有化学表达式的。所以，从一开始，分解反应的条件就不成立。其次，分离空气得到氮气、氧气、二氧化碳以及稀有气体，实际上利用的原理是空气各组成成分汽化时温度不同的物理性质，从本质上讲，分离的过程是一个物理变化的过程，从最初的混合物空气到最终的分离，整个过程并没有新的物质产生，不符合分解反应最终要产生新物质这一特点，因此，空气分离得到氮气、二氧化碳、氧气以及稀有气体的过程是物理变化，并不是分解反应。

实际上，空气中的成分很复杂，组成空气的气体成分包括上面所提到的氮气、二氧化碳、氧气以及稀有气体。其中，氧气是我们地球上生命赖以生存的重要气体之一。经过实验分析，空气中氮气的体积分数约为78%，氧气的体积分数约为21%，稀有气体的体积分数约为0.94%，二氧化碳的体积分数约为0.03%，其他物质（如水蒸气、杂质等）的体积分数约为0.03%。

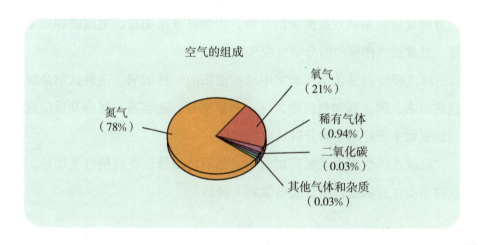

图24　空气中各种气体的含量

看一眼必须收藏的知识点

　　空气分离后得到氮气、氧气、二氧化碳、稀有气体等多种物质，这个变化不是分解反应，是物理变化。

　　空气是混合物，诸多气体混合在一起组成了空气。所以，空气成分的分离，不是分解反应，而是典型的物理变化。要注意区分这一点，以免混淆了化学变化和物理变化。

3.3 碱式碳酸铜 [Cu₂(OH)₂CO₃] 的分解反应

分解反应是化学反应中的四大基本反应类型之一。一个十分典型的分解反应就是碱式碳酸铜的分解，因为其现象明显，生成的物质丰富，经常被当作典型的分解反应来举例。

碱式碳酸铜是化学实验室中经常使用的一种试剂，这种试剂是绿色的粉末，因为其颜色鲜艳，反应效果明显，能够通过观察其反应前后的变化来更好地了解分解反应的过程。

取碱式碳酸铜少量放到试管中，然后将试管放在酒精灯上加热，此时需要注意的是，试管要微微向下倾斜。

看一眼就能记住的知识点

加热碱式碳酸铜的时候，盛装碱式碳酸铜的试管一定要微微向下倾斜，防止水滴倒流回试管，引起试管炸裂。

加热时试管微微向下倾斜，这是化学实验中经常采取的一种加热试管的方式，其主要目的是防止加热后生成的水倒流回试管底部，造成试管受热不均引起试管的炸裂，以避免出现实验室安全事故。

在加热了一段时间后，我们会发现，碱式碳酸铜从刚才的绿色粉末逐渐变成了黑色粉末，并且仔细观察就会发现，在试管的头部会有细微的水珠挂在试管壁上，连接盛有澄清石灰水的烧杯中澄清石灰水逐渐变浑浊。

碱式碳酸铜

澄清石灰水

图 25　碱式碳酸铜分解的实验装置和现象

看一眼必须收藏的知识点

　　加热碱式碳酸铜，绿色粉末变成黑色，试管壁有水珠生成，澄清的石灰水变浑浊。

　　通过这个实验，我们能够清晰认识到分解反应是如何进行的。碱式碳酸铜作为一种化合物，在加热的状态下，逐渐分解成为三种化合物，而这三种化合物的生成都有着十分明显的现象。现象之一是绿色的粉末变成黑色，这是因为碱式碳酸铜分解之后变成了氧化铜（CuO），氧化铜的粉末呈黑色；现象之二是试管壁上有水珠，说明分解的过程中产生了水；现象之三是生成的气体令澄清的石灰水逐渐变浑浊，说明生成的气体无疑就是二氧化碳了。

　　所以，通过一个简单的实验，我们能够看到一个典型的分解反应"分解"的过程和产物。具体的化学方程式如下：

$$Cu_2(OH)_2CO_3 \xrightarrow{\triangle} 2CuO+H_2O+CO_2 \uparrow$$

3.4 实验注意事项

　　在进行碱式碳酸铜加热的时候，我们会用到化学实验中十分重要也是十分普遍的加热工具——酒精灯。下面，我们听听酒精灯的介绍吧。

　　酒精灯是化学实验中最为常用的实验设备之一，可以为实验提供重要的条件。很多反应需要加热才能进行，就比如分解反应中的碱式碳酸铜加热反应以及高锰酸钾（$KMnO_4$）加热反应都离不开酒精灯。在酒精灯的使用中，有以下几点注意事项：

　　1. 使用酒精灯时，酒精切勿装满，应不超过容积的三分之二。

　　2. 灯内酒精不足四分之一容量时，应灭火后再添加酒精。

　　3. 切勿向正在燃烧的酒精灯里添加酒精，也不可用燃着的酒精灯点燃另一盏酒精灯。

　　4. 若不小心碰倒酒精灯，酒精着火燃烧，不要惊慌，用湿抹布或灭火毯盖住起火点，便可熄灭，不可用手或书本拍打。

　　最为重要的第五点，也是大家平日里可能犯的一个错误，就是燃着的酒精灯应用灯帽盖灭，不可用嘴吹灭，以防引起灯内酒精起燃。

看一眼
就懂的化学常识

牢记以上几点酒精灯使用的常识，就能在今后的实验中更加安全地使用酒精灯，更好地在五彩斑斓的化学世界里遨游。

酒精灯

外焰
内焰
焰心

酒精容量范围：酒精灯容积的 $\frac{1}{4} \sim \frac{2}{3}$

a   b

图 26 酒精灯的构造以及正确的使用方法

分解反应需要掌握的知识点

分解反应	分解反应是指由一种反应物生成两种或两种以上其他物质的反应（AB ══ A+B）		
空气的分离	空气分离后得到氮气、氧气、二氧化碳、稀有气体等多种物质，这个变化不是分解反应，是物理变化		
碱式碳酸铜分解反应实验	加热碱式碳酸铜 [Cu₂(OH）₂CO₃ $\triangle$ 2CuO+H₂O+CO₂↑]，绿色粉末变成黑色，试管壁有水珠生成，生成的气体使澄清的石灰水变浑浊	碱式碳酸铜加热的时候，试管一定要微微向下倾斜，防止水滴倒流回试管，引起试管炸裂	燃着的酒精灯应用灯帽盖灭，不可用嘴吹灭，以防引起灯内酒精起燃

小 结

　　分解反应是化学反应中一种重要的反应类型，其特点就是"一变多"。在探索分解反应的过程中，通过实验验证反应过程是一个有效的方法。在实验过程中，遵循实验原则，观察实验现象，按照实验步骤进行操作，注重实验安全才能更好地探索化学世界的奥秘。

4 "诚信经营"的反应
——置换反应

"诚信经营"一直以来是我们日常生活中的基本准则,是人与人之间信任的体现。在化学反应的世界中,有这样一种反应,它同样遵从着"诚信经营"的基本原则。这种遵循"诚信经营"的反应就是四大基本化学反应类型之一——置换反应。

4.1 置换反应

置换反应是四大基本化学反应类型中的一种。这种反应相比化合反应以及分解反应要相对复杂,但是它依然遵循着一定的规律和准则,那就是"诚信经营"的原则。在置换反应中,一种单质和一种化合物在一定的条件下,单质会将化合物中的一种元素替换出来,这种被替换出的元素就成了反应后的新的单质产物;而开始参与反应的单质,会与化合物中其他的元素结合在一起形成一种新的化合物。为什么说置换反应是一种"诚信经营"的反应呢?那是因为,在整个反

应的过程中，参与反应的单质与化合物最终变成了另外的单质与化合物，反应前后的物质在种数上没有发生变化，只是进行了元素的"替换"，符合"公平交易""童叟无欺"的"商业原则"。

常见的置换反应发生在金属和酸之间。那么让我们通过金属和酸之间的对话，听一听它们之间到底发生了什么，置换反应到底是怎么一回事。

化学王国的"置换交易大厅"中，挤满了等待置换的金属。大家都等待着完成置换。很多金属聚集在这里，大家都在谈论置换的规则。

"我是金属镁，当我进入盐酸的溶液中，你能够看到我的四周出现气泡。"此时铝也过来凑热闹："我是金属铝，我和镁一样，也能在和盐酸的反应中产生气泡。"金属锌和金属铁也纷纷说出自己与盐酸反应时的现象。此时一团冒着蓝色火苗的气体跑了过来说道："我是金属和盐酸进行置换反应后产生的单质——氢气。"此时，和金属反应的盐酸大哥说话了："各位金属兄弟，你们知道吗？其实你们之所以能和我发生置换反应，关键在于你们的金属活动性顺序位于氢之前，这样才能完成反应，并且置换出无色无味的气体——氢气。"它说着，并为在场的每种金属都发放了一张"金属活动性顺序表"，然后继续说道："各位，这是我们置换交易中心的规则，也是基本的置换法则。只有在金属活动性顺序表中位于氢之前的金属元素才能完成此次'置换交易'，其他的金属是不能完成交易的。大家可以根据我给大家的表格，认真地对照，看看自己符不符合要求。不符合要求的金属兄弟们，请回吧，你们是无法完成此次的'置换交易'的。"

看一眼就能记住的知识点

置换反应是由一种单质与一种化合物反应，生成另一种单质和另一种化合物的化学反应。

置换反应中，一种单质 A+ 一种化合物 BC 在一定的条件下生成新的单质 B+ 新的化合物 AC。

4.2 金属活动性顺序表

金属活动性顺序表，是判断金属能否从酸中置换出氢的一个关键表格。这个表格就相当于金属置换反应的一个"交易表格"，按照这个表格的规定，排在氢前面的金属元素可以置换出酸中的氢。在金属与酸反应的过程中，共同的现象是出现气泡，气体能够燃烧，发出淡蓝色的火焰。

"但是，需要注意的是……"此时酸大哥说出了一个十分重要的事情，"金属应该是和盐酸、稀硫酸进行反应，而不是和浓硫酸、硝酸反应。一定要记住这个规则，否则无法完成最终的'置换交易'。"

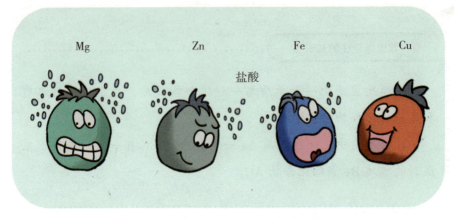

Mg   Zn   Fe   Cu

盐酸

图 27　金属与盐酸反应现象的比较

K、Ca、Na、Mg、Al、Zn、Fe、Sn、Pb、（H）、Cu、Hg、Ag、Pt、Au 中，位于氢元素前面的金属可以置换出氢，它后面的金属则不可以。

金属活动性顺序表，是了解置换反应规则的关键。掌握好这一顺序，就能轻松地判断出各种金属单质是否可以和酸发生置换反应。

4.3 金属与金属盐的置换反应

在"置换交易大厅"中，金属除了可以和酸进行"置换交易"外，还能与金属的盐溶液进行"置换交易"。同样，这个交易也遵守金属活动性顺序表里的顺序。

铁正在和硫酸铜（$CuSO_4$）溶液进行"置换交易"。只看到，一枚铁钉进入硫酸铜溶液之中，过了一会儿，我们能够看到铁钉上有红色固体生成，这种固体就是铜单质。这个过程完全遵循置换反应中的"金属活动性顺序原则"。

总之，置换反应中，最为重要的一个"交易规则"就是"金属活动性顺序表"。这个表格，是"置换交易大厅"的基本规则，是参与置换反应的金属必须遵循的准则。掌握了这个准则，才能真正地了解置换反应的本质。

看一眼就能记住的知识点

金属性活动顺序表中，排在前面的金属能把排在后面的金属从它们化合物的溶液里置换出来。

4.4 铝热反应

在置换反应中有一种十分特殊的反应，就是以铝粉和金属氧化物反应获得金属单质的反应，这类反应十分剧烈，放出大量的热，并且反应十分迅速，这类反应叫作铝热反应。铝热反应利用的就是铝这一金属的置换特性。当反应温度超过1250℃时，铝粉剧烈氧化，燃烧而放出大量热。这种放热反应的温度可达3000℃以上。其反应的基本表达式可以写成以下的形式：

$$2y\mathrm{Al}+3\mathrm{M}_x\mathrm{O}_y \rightarrow y\mathrm{Al}_2\mathrm{O}_3+3x\mathrm{M}（\mathrm{M}为金属元素）$$

因为铝热反应十分剧烈，因此在实际操作的过程中要格外注意。千万不要在房间内进行这一实验，不然很容易造成化学烫伤甚至严重的化学爆炸事故。铝热反应中，切记不可用水作为保护介质，应该使用沙子作为稳定的保护介质。铝热反应生成的液态金属有时会喷溅而出，这主要是因为反应物粉末间有空隙，在超过2000℃的高温下空气剧烈膨胀，吹出反应中生成的液态金属。配制好的铝热剂在储存时，不应压实，因为压实后，即便在室温下，铝热剂也会自发反应（发热），可能导致自燃，造成事故。

铝热反应在很多领域都有着广泛的应用。在军事领域上，因为铝热反应产生的热量可以熔化钢铁，铝热反应经常被用于制造穿甲弹。此外，在工业生产和日常生活中，铝热反应可以用来焊接钢轨、冶炼难熔金属、制作传统的烟火药剂等，是置换反应中不得不提的一种重要反应。

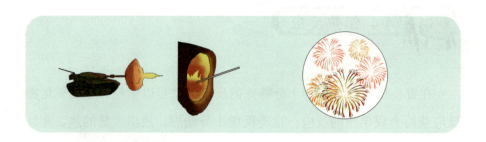

图28 铝热反应在军事、工业以及日常生活中都有着广泛的应用

关于置换反应需要掌握的知识点

置换反应是四大基本化学反应类型中的一种。

置换反应	置换反应是指由一种单质与一种化合物反应，生成另一种单质和另一种化合物的反应（A+BC === B+AC）		
金属活动性顺序表	K、Ca、Na、Mg、Al、Zn、Fe、Sn、Pb、（H）、Cu、Hg、Ag、Pt、Au		
几种典型的置换反应	金属可以和酸发生置换反应	金属与金属盐溶液的置换反应。金属活动性顺序表中，位于前面的金属能把位于后面的金属从它们化合物的溶液里置换出来	铝热反应是一种十分剧烈的放热反应 $2y\mathrm{Al}+3\mathrm{M}_x\mathrm{O}_y \rightarrow y\mathrm{Al}_2\mathrm{O}_3+3x\mathrm{M}$ (M 为金属元素)

小 结

　　置换反应相对复杂，其本质是由一种单质和一种化合物反应，生成另一种单质和另一种化合物的过程。掌握金属活动性顺序表，是判断金属置换反应能否进行，以及生成什么化合物与单质的关键所在。现实生活中，置换反应有着十分重要的应用，掌握置换反应可以更好地学习化学基础知识。

5 陶瓷是怎么做成的？
——陶瓷的烧制

中国的瓷器在世界范围内有着十分重要的影响，也是中国作为四大文明古国之一为世界贡献的精致的"礼物"。中国古代的陶瓷工艺已经炉火纯青，不同时代有着不同的瓷器烧制技术。具有各种花色、各种纹理的陶瓷不仅仅是人们日常生活中常用的器具，更是一件件艺术品。陶瓷烧制的过程，实际上包含着很多化学变化和物理变化。从一块其貌不扬的泥巴变成光洁美丽的瓷器，这个过程也是一次奇妙的化学探索之旅。

5.1 陶瓷的主要成分

精美的陶瓷制品实际上是成分很复杂的混合物，其中大多数是金属的氧化物，包含着很多我们耳熟能详的元素种类。陶瓷的制作过程，是一次了解化学反应的绝妙机会。让我们走进景德镇烧制陶瓷的地方，看一看古人是如何利用神奇的化学反应来"化腐朽为神

奇"的。

陶瓷的原料是我们生活中十分常见的泥土。这种泥土的黏性一般较大，通过萃取和初步加工，可以得到具有一定韧性的黏土。这种原材料中含有丰富的矿物质，而正是这些矿物质在不同阶段的反应，最终成就了"化腐朽为神奇"的陶瓷。

这种黏土在烧至约700℃时可制成能装水的陶器；烧至约1230℃时则瓷化，可完全不吸水且耐高温耐腐蚀。

看一眼就能记住的知识点

陶瓷的成分主要有二氧化硅、氧化铝、氧化钾、氧化钠、氧化钙、氧化镁、氧化铁、氧化钛等。

陶瓷是混合物，含有很多化学成分，这些成分决定了陶瓷的性质，决定了其最终的用途。

5.2 陶瓷烧制过程

在高温下，陶瓷生坯固体颗粒相互键联，晶粒长大，空隙（气孔）和晶界渐趋减少，通过物质的传递，其总体积收缩，密度增加，最后成为致密多晶烧结体，这种现象称为烧结。这个过程中既有物理变化又有化学变化。

图 29　陶瓷烧制

　　陶瓷烧制的过程中有很复杂的分解反应，其中最为主要的就是陶瓷中的碳酸盐化合物发生分解的反应过程，这个过程会持续一段时间，并随着温度的升高而不断地发生。烧制陶瓷从化学反应的角度看，主要有以下几个阶段。

　　第一阶段，低温阶段（室温～300℃）。因为瓷土进入窑炉之前含有一定的水分，需要进行干燥。低温阶段的主要作用是排出坯体内的残余水分，其温度一般在300℃（有人认为是270℃）以下。

　　随着水分的排出，组成坯体的固体颗粒逐步靠拢，发生轻度的收缩，但这一收缩并不能完全填补水分遗留的空间，故对黏土质坯体表现为气孔率增加、强度提高；对由非可塑性原料制成的坯体（加黏合剂者除外）则表现为疏松多孔、强度降低。

　　第二阶段，中温阶段（300℃～950℃）。这是陶瓷烧成过程的关键阶段。瓷坯中所含的有机物、碳酸盐、硫酸盐以及铁的氧化物等，大都要在此阶段发生氧化与分解，此外还伴随有晶型转变、结构水排除和一些物理变化。在此过程中生成的二硫化亚铁（FeS_2）是一种对陶瓷生成十分有害的物质，必须在此阶段通过氧化反应将其全部氧化

成为氧化铁（Fe_2O_3），否则一旦釉面熔融，气孔封闭再氧化，就会生成二氧化硫（SO_2）气体，使得陶瓷表面出现气泡，影响成品的品相。

　　第三阶段，冷却阶段。从最高烧成温度（高火保温结束）到850℃为急冷阶段。此时坯体内液相还处于塑性状态，故可进行快冷而不开裂。快冷不仅可以缩短烧成周期，加快整个烧成过程，而且可以有效防止液相吸晶和晶粒长大以及低价铁的再度氧化，从而可以提高坯体的强度、白度和釉面光泽度。冷却速度可控制在150～300℃/h。

　　从850℃到400℃为缓冷阶段。850℃以下液相开始凝固，初期凝固强度很低。此外在573℃左右，石英晶型转化又伴随体积变化。对于含碱和游离石英较多的坯体更要注意，因含碱高的玻璃热膨胀系数大，加之石英晶型转变，引起的体积收缩应力很大，故应缓慢冷却。冷却速度可控制在40～70℃/h。若冷却不当将引起惊釉缺陷。

　　从400℃到室温为最终冷却阶段，一般可以快冷，降温速度可控制在100℃/h以上，但由于温差逐渐减小，冷却速度的提高实际受到限制。对于含大量方石英的陶坯，在晶型转化区间仍应缓冷。

　　经过三个阶段的煅烧，最终能够将泥土"化腐朽为神奇"，变成洁白的陶瓷器皿。在整个陶瓷形成的阶段，温度的控制最为重要，因为不同温度下，化学反应生成的产物是不同的。古代在没有现代化温度控制监测设备的情况下，仅仅凭借工匠的经验就能烧制出精美的瓷器，足以体现我国古代劳动人民的智慧。陶瓷的烧制，也是化学反应在现实生活中应用较多的例子之一。

图 30　中国陶瓷艺术在世界艺术领域中独树一帜

看一眼必须收藏的知识点

从泥土变为陶瓷的过程，既涉及物理变化，也涉及化学变化。

陶瓷的化学成分	二氧化硅、氧化铝、氧化钾、氧化钠、氧化钙、氧化镁、氧化铁、氧化钛等
陶瓷烧制过程	过程复杂，既有化学变化也有物理变化

小　结

　　陶瓷已经成为我国的文化符号，是我国劳动人民智慧的结晶。从现代化学的角度分析，陶瓷的烧制过程，涉及复杂的化学反应，是一项系统的化学工程。这是古代人类应用化学知识的成功案例之一。至今，陶瓷依然是我国物质文化遗产中一颗璀璨的明珠。

1 生命的源泉
——爱护我们的水资源

1.1 地球上的水

水是我们人类赖以生存的重要资源，没有水，地球上也将失去生机。从外太空看，地球是一颗蓝色的星球，格外美丽。之所以呈现蓝色，是因为地球上百分之七十的面积都被水所覆盖。

在地球诞生之初，地球上就充满了大量的水，水通过不断地蒸发和降雨完成了循环，调节整个地球的气候。慢慢地，地球的水中出现了最初的生命——原始的单细胞生物，经过漫长的进化，开始出现了高等生物体。地球上的植物出现时间远早于动物，这些植物的生长也离不开水。可以说，水是孕育生命的摇篮，是我们这颗星球上最宝贵的资源。如果单纯地从地球水资源的蕴含量上讲，我们的地球应该被称为"水球"。

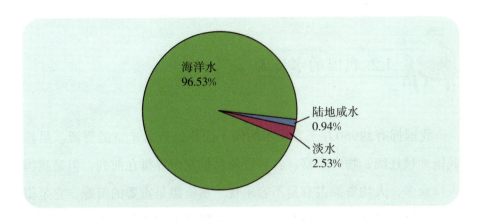

图 31　　地球水资源的主要组成

　　海洋是地球上最大的水资源宝库，加上各种地表水，地球表面的71%是被水覆盖的。其中海洋水又占水资源中的第一位，它占据水资源总量的96.5%。海洋可以说是一座巨大的宝库，这里不仅有着丰富多样的生物资源，海底还有很多的矿产资源。以人类现在的技术，探明海水中包含的化学元素超过80种。如果单纯地从化学世界看，每一滴海水中都有着丰富的化学元素。

看一眼就能记住的知识点

　　地球上，海洋、湖泊、水蒸气以及生物水等各种形态的水的总储量为 1.39×10^{18} 立方米。

　　水是地球重要的组成，也是地球孕育生命的关键。任何生命都不能离开水而生存。丰富的水让地球成为一颗蔚蓝色的星球。

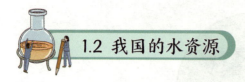

1.2 我国的水资源

我国拥有约960万平方千米的国土面积，有着丰富的资源。虽然我国地域辽阔，物产丰富，各种资源总量在世界排在前列，但是我国人口众多，人均资源占有量不容乐观。水资源是重要的资源，它是很多化学反应所必需的介质和反应物。水资源不仅能维持生命的基本运行，同时也调节着整个地球的气候。

我国水资源的总量为3.0×10^{12}立方米，但人均水资源的占有量仅仅为2.1×10^3立方米，并且我国的水资源南北分布不均衡，很多地区处于严重的缺水状态，这些地区的经济发展和人民的基本生活受到缺水的影响。

长江与黄河两大母亲河流经中华大地，孕育了中华文明。可以说，人类文明的发展和进步离不开大江大河。

水是一种重要的资源，我们要保护水资源，充分利用水资源，这样才能实现可持续发展。

看一眼 必须收藏的知识点

我国的水资源总量为3.0×10^{12}立方米，居世界第六位，但是人均水资源占有量水平较低。

我国的水资源整体呈现总量大、人均占有量少、南方多、北方少的特点。保护好水资源，减少水污染，是我们每个人都应该做的。

1.3 水体污染

　　随着工业革命的发展，人类进入了工业时代。化学学科有了长足发展，为人类生活带来了巨大的改变。新型的材料应运而生，很多化学制品被制造出来。但是，有些化工厂在生产的时候，将产生的废水直接排入自然环境，对自然环境造成巨大的影响。这些化学废水中含有很多有毒有害的物质，如铅（Pb）、汞等一些重金属元素，这些重金属以离子形式存在于废水之中，很难被自然水体自我净化和分解，这些重金属离子通过水这一媒介进入生物体内，会对生物造成毒害，产生重金属离子的富集现象。即使不直接饮用被污染的水，食用被污染的鱼类海鲜，甚至接触含重金属离子的降水等，也会对人产生致命的影响。

图 32　水体污染

1953年～1956年，日本熊本县水俣市出现了诡异的现象。当地的居民出现了一种十分奇怪的病症，起初病人口齿不清，走路失稳，面部表情呆滞，人们一开始以为是部分人犯了精神方面的疾病，但是这些人的病症没有减轻，反而逐渐恶化，全身麻木，开始出现精神失常，最终身体弯曲如弓，直至死亡。恐怖的症状、离奇的死亡，让当地人陷入恐惧。不久，患这种怪病的人越来越多，甚至在人们饲养的猫、狗等动物身上也出现了类似的惨状。一时间，末日说、鬼神说等谣言四起，水俣市的人陷入极度的恐慌之中。

1955年，日本的科学家深入水俣市进行了调查研究，经过多位科学家对当地环境以及水质的化验分析，终于找到了"怪病"的根源。原来，水俣市附近的化工厂将含有甲基汞的废水排入水俣湾的海水之中，生活在水中的鱼类等海洋生物，受到了甲基汞等化学物质的污染，身体中富集的汞含量超标。当地的居民以捕鱼为生，食用了体内汞含量超标的鱼类，人体中摄入了过量的甲基汞而导致中毒。汞是自然界中唯一常温下呈现液态的金属，具有很强的毒性。它进入人体，含量一旦超过人体承受的极限，就会破坏人的神经系统，导致人精神失常，手脚协调能力下降，最终以恐怖怪异的方式死亡。

图33 水俣病患者浑身抽搐

日本水俣市出现的这种因为水质污染而造成的集体中毒事件震惊了世界，让人类开始思考现代化工业生产对于环境的破坏以及对于人类生存的威胁。1956年，官方正式将这种病症命名为"水俣病"。在水俣病被正式认定的九年后，阿贺野川流域新潟水俣病再次出现在公众的视野中，这是世界上第二起水俣病事件。至此，水污染事件的严重性，开始受到各国的关注，各国开始出台政策和法规，限制化工厂污水的排放，同时科学界也在不断地进行研究，研究污水的净化方法，寻求如何既能提升现代化工生产效率又能从源头上减少和消除污染，最终建设环境友好的工厂。

新中国成立后，我国化工基础薄弱。改革开放后，经济复苏，各地化工厂如雨后春笋般出现，同时也带来了一些环境问题。一些工厂受当时技术的限制，处理污水的能力不足，处理的水质不达标，最终导致了较为严重的水体污染。如今，经过多年的治理，我国的生态环境得到了巨大的改善，加上生产技术的不断发展与更新，我国的工业水平有了质的飞跃。如今"绿水青山就是金山银山"的发展理念建立起来，我们的"山"变得更青了，我们的"水"也变得更绿了。

看一眼就能记住的知识点

关于水资源一眼就要记住的知识点

地球的水资源	地球上，海洋、湖泊、水蒸气以及生物水等各种形态的水的总储量为 1.39×10^{18} 立方米
我国的水资源	我国的水资源总量为 3.0×10^{12} 立方米，居世界第六位，但是人均占有量少
水体污染	水体污染是指大量的污染物质排入水体之中，超过水体的自净能力，使水质恶化

小 结

　　水是生命之源，地球是一颗被水覆盖的蓝色星球。人类要想实现未来长久的发展，就必须保护好地球的水资源，减少对水的污染和浪费。我国在这方面不断取得突破，实施可持续发展战略，坚持"绿水青山就是金山银山"的理念，在保护水资源方面为全人类做出了巨大的贡献。

2 干净的水
——水的净化

想象一下，当你周末和家人一起出去游玩的时候，你是想要一个山青水净的环境，还是一个到处是异味和垃圾的环境？我相信，没有人会选择后者。干净的水，是我们生活的保障，我们不仅每天要喝干净的水，我们到自然之中，也希望看到山青水净，这才是我们理想中的生活。那么污染过的水，能不能通过物理和化学的方式将其净化呢？

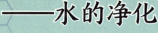
2.1 生活中的水

水可以说是无处不在，是自然界中最为常见的一种物质。水的化学性质较为稳定，是最常用的溶剂。水不仅是生物生存所必需的物质，还是很多化学反应的介质。

水在自然界中有固态、液态以及气态三种状态，在不同的温度范围内，水的状态是不同的，这属于水的物理性质。而在化学反应中，水作为溶剂形成的溶液，是很多反应中必备的。同时水也是很多化学

反应中的主要产物。

　　水的化学性质十分稳定，但是遇到一些活泼金属的时候还是会发生十分剧烈的反应。例如，将金属单质钠放入水中，能够看到钠和水发生十分剧烈的反应，发出耀眼的白光，并且放出大量的热。反应的化学方程式如下：

$$2Na + 2H_2O \rule[0.5ex]{1.5em}{0.1ex} 2NaOH + H_2 \uparrow$$

　　基于钠这样的性质，钠单质保存的时候应该避免接触水和空气，实验室中一般将钠保存在装有煤油的玻璃瓶中。

看一眼就能记住的知识点

　　水的化学式为 H_2O，纯净的水应该是无色无味、清澈透明的液体。

　　水是生活中十分重要的物质。完全纯净的水是无色无味的，但是我们日常生活中用到的水很难做到完全纯净，里面含有各种各样的杂质。

2.2 水的净化

　　水的净化是当前我们生活中不可或缺的环节。一滴水，在最终从我们家里的水龙头中流出之前，已经经过了一系列的净化。我们就从一滴水的自述开始，探究一下水的净化之旅。

"大家好，我是一滴水，我是你们生活中的好朋友。我从江河之中来，通过取水口进入自来水加工厂。此时，工厂的人员会加入明矾，明矾在我的身体中溶解后，会形成胶状物质，从而吸附我从江河之中带来的泥沙等杂质。然后，我会进入过滤池中，进一步沉淀和过滤。当我通过活性炭吸附池后，我就变成看起来十分干净的水了。但是我的身体里还有一些对人体有毒有害的物质，需要进一步杀菌消毒。杀菌消毒后我进入千家万户的自来水的管道里，人们就能比较放心地使用我了。不过一定记住，此时我的身体中还有很多的其他粒子，大家喝水的时候一定要烧开，不然容易生病。"

一滴水从江河中来，最终进入千家万户的水管中，经历了一系列的旅程，这个旅程就是水的净化过程，其中用于过滤吸附的明矾是经常使用的一种分离混合物的试剂。而活性炭因为碳分子之间存在一定的间隙，能够很好地将某些杂质和异物吸附其中，也是一种十分有效的过滤剂。

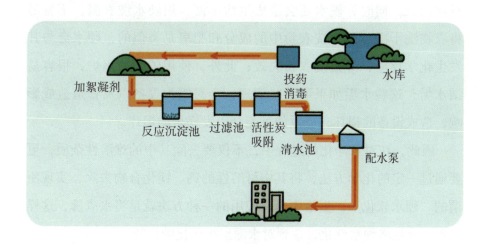

图 34　水净化过程的示意图

其实，在自然界中完全纯净的水是不存在的，即使经过净化后的水，其中还是会混有其他的物质和元素。

有时候，我们会发现在一些地区的盛水容器中会结出白色的水垢，这其实就是因为该地区的水中含有可溶性的镁和钙的化合物较多，在水加热并长期放置的情况下，这些镁和钙的化合物会生成白色的沉淀物，也就是我们看到的水垢。这种含有较多可溶性钙、镁化合物的水被称为硬水，相反，不含或含较少可溶性钙、镁化合物的水叫作软水。

有一个可以快速区分软硬水的小妙招，那就是将肥皂水加入需要辨别的水中，如果遇到硬水，肥皂水会出现浮渣，而软水是不会出现这种现象的。这个原理可以帮助我们辨别出硬水与软水。这主要是因为肥皂中的硬脂酸钠，在水中被解离出了硬脂酸根离子和钠离子，而硬水中含有大量游离的钙、镁离子，硬脂酸根离子与钙、镁离子结合，会形成不溶于水的沉淀物，就会产生一层浮渣漂浮在水面。经常饮用硬水，可能会对人的肠胃造成一定影响，不利于人的身体健康。同时，硬水还会造成生活不便，用硬水洗衣服，不容易将衣物洗干净，因为洗衣粉中的成分和肥皂是类似的，硬水会与其发生化学反应，导致洗衣粉失效；此外，使用硬水的锅炉，很容易结水垢，这些水垢如果不及时清理，会对锅炉设备以及管道造成影响，造成设备的损坏，严重的可能会引发锅炉的爆炸。

因此，在对水净化的过程中，不仅要去除其中的难溶性杂质，更要通过一定的化学方法，将其中可溶性的钙、镁化合物去除，实现所谓的"硬水软化"。生活中最常使用的一种方法就是将水煮沸，这样可以有效地将硬水软化，达到对水深层次净化的目的。

实验室中，用于化学反应的水一般需要是纯水，但是自然界中，纯水是不存在的，因此，有时候会使用蒸馏的方式得到纯度相对较高的水来完成实验试剂的配制。

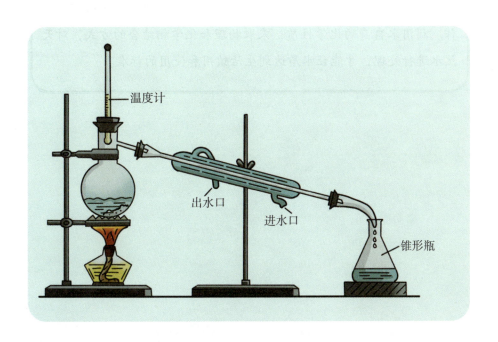

图 35　蒸馏装置

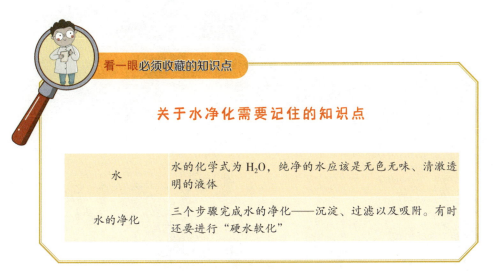

看一眼必须收藏的知识点

关于水净化需要记住的知识点

水	水的化学式为 H_2O，纯净的水应该是无色无味、清澈透明的液体
水的净化	三个步骤完成水的净化——沉淀、过滤以及吸附。有时还要进行"硬水软化"

小 结

　　自然界中不存在完全纯净的水，因此，水的净化是一项重要工作。利用水自身的化学性质，采取物理和化学相结合的方式，对天然水进行处理，才能让水质达到生活饮用和使用的标准。

3 神奇的水分子
——水的组成

水是生命之源，在对水没有科学解释的古代，人们将水看作是构成世界万物的基本元素之一。水和火被当作组成世界的基本要素。随着人类对于自然认识的不断提升，人们才了解到，水是一种普遍存在的化学物质，其由水分子构成。

 ## 3.1 水中蕴含的清洁能源

研究水的性质，要从氢气开始。氢气比空气的密度小，无色无味，难溶于水，并且十分易燃。在燃烧的时候，会发出淡蓝色火焰，热值较高。在当前的新能源发展过程中，氢气已经被当作一种新能源进行开发和利用，氢能发电、氢能源汽车在我国部分省市已经少量投入使用，未来氢能源将会是新能源发展的重要方向之一。

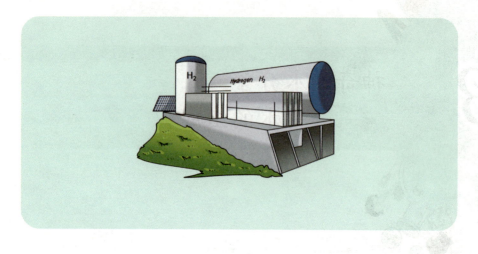

图 36 作为清洁能源，氢气在未来有着广阔的应用前景

　　为什么氢气可以作为新能源发展呢？主要是因为其热值高，且其燃烧产生的物质对于地球的环境很友好。传统的化石能源在燃烧后会产生大量的废气，其中的主要产物二氧化碳是温室气体，是导致全球变暖的"元凶"之一。随着地球温度升高，两极冰川融化，会给地球带来毁灭性的灾难。人们开始意识到保护环境，减少温室气体排放的重要性。于是科学家们开始寻找替代化石燃料的能源，鉴于氢气燃烧只生成水，可以说是替代化石燃料的理想能源之一。但是，氢气不容易储存，很容易发生爆炸，因此，目前氢能源在利用、生产和储存等方面的技术还处于不断的探索之中。未来，相信在新能源领域，人类一定能够开辟出一条新的路径，帮助自己更加健康地发展下去。

　　人们发现氢气燃烧后产生水，于是利用逆向的思维探索纯净的水到底都由哪些元素组成。

　　电解水是一个探索水组成成分的典型实验，在电解器的玻璃管中加满水，接通电源，观察电极附近会发生怎样的现象。

不一会儿，你会发现在正极和负极的附近都会产生密集的气泡。将带火星的木条放在正极附近，会发现木条复燃；在负极附近生成的气体很容易被点燃，并且会产生淡蓝色的火焰。根据氧气和氢气的性质我们不难判断，正极附近产生的使带火星木条复燃的气体是氧气，负极附近产生的燃烧产生蓝色火焰的气体是氢气。由此看来，水作为一种化合物，其组成的元素中包含氢和氧两种元素。

看一眼就能记住的知识点

氢气是无色、无味、难溶于水的气体，密度比空气小。

氢气是一种常见的气体，是未来新能源发展的重要方向。氢气热值高，容易制备，但是储存困难，未来在氢能源的普及方面还有一段路要走。

3.2 水的探索之路

说起探索水的元素组成，要追溯到18世纪末的英国。当时民间普遍认为，水是一种元素，是基本元素的一种。当时的英国科学家普里斯特利在进行实验的时候，发现一种"易燃气体"（也就是氢气）在与空气混合干燥后，盛放在玻璃瓶中，用电火花点火的时候，会产生刺耳的爆炸声，然后玻璃瓶的内壁上会产生液滴。这让他不禁思考："空气和这种易燃物体不是一种物质，两者反应生成了水，说明组成水的元素不仅仅是一种。"他的猜测不久后被另一

位叫作卡文迪什的科学家进行了验证。这次为了排除干扰，他使用了纯氧，并且进一步证实，爆燃后生成的液体就是水。而且经过反复的爆燃实验，他总结了一个规律，那就是，两份体积的易燃气体和一份体积的氧气爆燃后，正好能完全反应并得到水这一平日里常见的物质。借此，人们开始意识到，水并不是单一的"元素"，而是由氢和氧组成的一种更为复杂的物质。

如今，在前人研究的基础上，我们知道了水的化学式是H_2O，这也与实验结果相符。

随着化学学科的不断发展，在化学领域的研究中，科学家对现实中不同物质进行了归类，主要分为纯净物和混合物。

首先，纯净物和混合物是相对的，理解起来也很容易。纯净物就是不掺杂其他物质的物质，"孤身一人"，例如纯净的氧气、纯净的水；混合物就更容易理解了，那就是很多物质混合在一起，最常见的，也是与我们最为"亲密"的混合物就是呼吸的空气。在自然界中，纯净物是很难找到的，大多数的物质都是混合物。

为了更好地研究物质，纯净物中，可以继续进行物质的划分。像水这样含有不同元素的纯净物被称为化合物，化合物首先必须要是纯净物，例如二氧化碳。化合物中，由两种元素组成，并且其中一种元素是氧元素的化合物，又被称为氧化物，例如氧化铁。而由同种元素组成的纯净物就被称为单质，例如氧气。这几个化学概念是认知化学的基础概念，它们是进入精彩化学世界的"入场券"，我们应牢记于心。从一滴水开始，奇妙的化学世界等待着我们的探索。

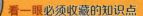

看一眼必须收藏的知识点

含有不同种元素的纯净物叫作化合物；由两种元素组成的化合物中，其中有一种是氧元素的叫作氧化物；由同种元素组成的纯净物叫作单质。

通过对物质进行科学的归类，可以帮助我们建立起系统的化学概念，从而更加深入地了解化学世界中的物质，掌握更多的科学规律。

关于水要记住的化学知识点

水的新用途	利用水制备氢气，在未来可以成为新的清洁能源
物质的划分	主要划分为纯净物和混合物，纯净物中又可以分为化合物和单质，化合物中只含有两种元素且其中一种元素为氧元素的又可以称为氧化物

小 结

水作为地球上的重要资源，不仅是生命所必需的，同时蕴含着巨大的开发潜能。在化学学科发展的过程中，人们对于水的探索从未停止。未来，在通过水制备氢能源的过程中，人们还会一如既往地对水进行研究，以实现新能源发展上的技术突破。

4 探究化学式与化合价
——从"一滴水"说起

小到分子、原子以及电子，大到核武器的研究、化工厂的反应，都是化学研究的内容。探索微观层面上世界万物运行的本质，可以帮助我们更好地了解这个世界。从认识水的组成开始，人们亟须利用一套符号系统去进行化学反应的表达，而化学式与化合价，就是我们用来了解化学反应本质的工具。符号的特点就是言简意赅，帮助理解。从"H_2O"谈起，我们一起来了解一下化学式与化合价的神奇妙用。

4.1 认识化学式

在化学世界中，人们经过多年的研究，为每一种纯净物都进行了化学上的命名，以通过更加简便的方式去认知每一种物质，让人们进行研究时更加方便高效。

此时，在一滴水的内部展开了一次关于名称的讨论会，让我们戴上特制的耳机，认真听一听这些元素之间说了些什么。

首先发言的是个头最大的水分子，它指了指自己的名牌说道："我是一个水分子，H_2O是我固定不变的化学式。这个H_2O就表示我是水这种物质，同时也表示一个水分子。"此时，两个细小的声音也加入了讨论，他们分别是瘦瘦的氢（H）和胖胖的氧（O）。氢先说话了，它说道："水分子大哥的化学式，实际上表明了水的元素组成，其他的化学式也一样。水的化学式为H_2O，这说明在组成水的成分里，只有我和氧两种元素。氢符号的下角标2，说明一个水分子中有两个氢原子。你说是不是？"它拍了拍旁边的氧，圆滚滚的氧说道："是的，一个水分子中有两个氢老弟，还有一个氧原子。"听过它们的介绍，大家对于化学式有了更加深入的了解。

化学式是纯净物唯一的符号，可以说是化学上它们唯一的名字。化学式的组成就是分子中各种原子组成的表达，下角标的数字就代表一个分子中有几个原子。一个水分子是由两个氢原子和一个氧原子构成的。二氧化碳的化学式为CO_2，它表示二氧化碳是由碳元素和氧元素组成的，并且一个二氧化碳分子中含有一个碳原子和两个氧原子。

化学式是认知化学世界的"入场券"，是深入学习化学的基础。通过化学式我们可以简单明了地了解一种物质的化学组成成分，并从微观上了解其原子的数量，为研究更加复杂的化学反应奠定基础。

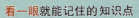

看一眼就能记住的知识点

每种纯净物的组成是固定不变的，所以表示每种纯净物的化学式只有一个。

物质的化学式就是它们的"名字",在化学的世界中,是不会有相同"名字"的不同物质出现的。

4.2 化合物的化学式

化合物的化学式相对复杂,因为一种物质中包含多种元素,并且一个分子中有多种原子。在书写化合物的化学式的时候,要注意,如果一种元素的原子数只有一个,这个"1"往往就被省略掉了,一般不会作为角标出现在元素符号的后边。还是以水的化学式为例,一个水分子中有两个氢原子和一个氧原子,两个氢原子就写成"H_2",而其中的一个氧原子,一般就不能写成"O_1"而是省去其中的"1"写成"O"。这是化学式书写的第一个规则,我们可以亲切地称这个规则为"一不写"规则。书写化学式的时候,除了要注意含有哪几种元素,还要注意组成元素的原子数为1的时候,1省略不写。

氧化物是化学世界中常见的一种化合物,其主要特点就是氧化物由两种元素组成且其中一种元素为氧。在书写氧化物化学式时,按照化学式的另一个规则,习惯性地将氧元素放到化学式的右边,其他的元素放在左边。例如,二氧化碳(CO_2)、氧化钙(CaO)等。这是化学式书写中的另一个需要记住的规则,我们可以称其为"氧右行"规则。氧化物化学式的书写,一般把氧的符号写在右边,另一种元素的符号写在左边。

金属元素也是日常生活中重要的化学元素,其可以和多种非金属元素形成盐类化合物，呈现不同的物理与化学性质，是化学世界经常见到的化合物。在金属元素与非金属元素组成的化合物的化学式书写过程中，规定金属元素位于化学式的左边，非金属元素一般在化学式的右边，例如日常生活中食用盐的主要成分是氯化钠（$NaCl$），金属钠的符号"Na"就被写在左边，而非金属氯（Cl）就被安排在了右边。这是化学式书写中需要记住的第三个规则，我们可以亲切地称其为"金属向左"规则。由金属元素与非金属元素组成的化合物，书写化学式的时候，金属元素符号一般写在左边，非金属元素符号一般写在右边。

以上的规则就是化学式的书写规则，很多人会好奇，如何准确地读出这些化学式的名称呢。其实，这也需要遵守一定的规则。

两种元素组成的化合物，一般读作"某化某"，例如$NaCl$就读作氯化钠，从右边向左读。遇到不止一个原子的时候，还要将下角标的数字一起读出来，例如CO_2就读作二氧化碳，Fe_3O_4就读作四氧化三铁。掌握了化学式的正确读法，你就能在小伙伴面前十分顺利地读出一个化学式了，这样也可以方便今后在化学学习中进行更加专业的化学交流和互动。

以上就是我们需要记住的关于化学式的知识点，总结起来可以用一个顺口溜记忆："原子为'一''一'不写，氧在右方是正解。金属居左非居右，大声读作某化某。化学式是物质名，坚持学习不能停。"

由两种元素组成的化合物，一般读作某化某；有时还要读出化学式中各种元素原子的个数。

我们了解了化学式应该如何书写以及如何正确地读出它们的"名字"。那么，有没有想过，原子个数的数字是怎么得到的，换句话说，化学式中，元素下角标的那个小小数字是怎么得来的呢？是随便

写的，还是说有着不为人知的秘密呢？这就要说到另一个十分有趣的化学知识点——化合价。

化合物都是由固定元素组成的，这种组成和化合价有密切关系，各种元素的原子数是按照化合价来进行配比的，最终形成了我们所熟知的化学式。

化合物有固定的组成，形成化合物的元素有固定的原子个数比。

4.3 化合价

我们在日常生活中进行商品交易，都知道任何商品都会有一个价格，我们付出相应的价钱，才能得到该商品。在化学的世界中，化合物中的化学元素也是以一种类似"价"的方式组合在一起，形成化学式的，这种原子之间匹配的价就被称为"化合价"。

每种元素就像是"明码标价"一样，它们在形成化合物的时候，根据得到电子能力和失去电子能力的大小进行匹配，最终得到自己的"化合价"。

例如，在化合物中，氧容易得到两个电子，那么它就经常呈现为"-2"价；氢容易失去一个电子，呈现出"+1价"。还是从一滴水说起，水的化学式为H_2O，两个氢原子和一个氧原子就正好取得化合价的平衡，形成一个水分子，也就形成了水这样的化合物。我们可以按照化合价形成化合物的基本原则进行一个简单的验算。

刚才我们说过氢在化合物中一般呈现"+1"价，而氧在化合物中一般呈现"-2"价，要想正负相抵，数字和为零，就需要两个氢原子和一个氧原子，正好满足正负数字和为零。也就是，两个氢"+1"，一个氧"-2"，数字和为"0"。如此一来，形成了一个稳定的分子，也就构成了化合物的基本化学式。同理，氯化钠中，钠为"+1"价，氯为"-1"价，因此二者1∶1正好化合价的代数和为零，钠原子和氯原子各一个，形成NaCl。

金属元素一般因为其得到电子的能力较弱，失去电子的能力较强，因此一般呈现正的化合价。

看一眼就能记住的知识点

化合价有正有负，在化合物中，正、负化合价的代数和为零。

在化学式中，有时候一些原子组团在一起，呈现一定的化学性质，形成新的化合物。这些原子组团在一起，共同呈现一种化合价。这种原子团，被称为"根"。例如，OH^-就是氢和氧抱团在一起形成的根，称为氢氧根；CO_3^{2-}就是碳（C）和氧（O）抱团在一起形成的根，称为碳酸根。你可能注意到了，这些原子团的右上角都有一个带有正负号的数字，这个数字就等于这个原子团整体呈现的化合价。氢氧根（OH^-）呈现的是"-1"价，碳酸根（CO_3^{2-}）呈现的就是"-2"价。经过实验研究，科学家们总结出了一些元素以及原子团"明码标价"的化合价表，其中列举了一些常见元素和根所呈现的基本化合价，有兴趣的朋友可以记住这个表格，以后就能做一个"心中有价"的化学"交易员"。

看一眼必须收藏的知识点

常见元素和根"明码标价"的化合价

元素和根的名称	元素和根的符号	常见化合价	元素和根的名称	元素和根的符号	常见化合价
钾	K	+1	氯	Cl	−1、+1、+5、+7
钠	Na	+1	溴	Br	−1
银	Ag	+1	氧	O	−2
钙	Ca	+2	硫	S	−2、+4、+6
镁	Mg	+2	碳	C	+2、+4
钡	Ba	+2	硅	Si	+4
铜	Cu	+1、+2	氮	N	−3、+1、+2、+4、+5
铁	Fe	+2、+3	磷	P	−3、+3、+5
铝	Al	+3	氢氧根	OH⁻	−1

110

续 表

元素和根的名称	元素和根的符号	常见化合价	元素和根的名称	元素和根的符号	常见化合价
锰	Mn	+2、+4、+6、+7	硝酸根	NO_3^-	−1
锌	Zn	+2	硫酸根	SO_4^{2-}	−2
氢	H	+1	碳酸根	CO_3^{2-}	−2
氟	F	−1	铵根	NH_4^+	+1

　　了解了基本的化合价后，在这一串的"价单"中，我们还应该注意以下的一些事项，才能真正了解化合价，并应用好化合价。

　　1. 金属元素和非金属元素化合时，金属容易失去电子，因此金属呈现正价，而非金属呈现负价。

　　2. 同样的元素在不同的化合物中可能呈现不同的化合价，这和元素本身得失电子的能力有关。例如，氧化铁中，铁元素就呈现"+3"价，而在氧化亚铁（FeO）中，不难看出，铁元素呈现"+2"价。

　　3. 之所以称为"化合价"，是因为这是元素在形成化合物时所呈现的特点，而对于单质来说，形成物质的元素只有一种，且不存在得失电子的情况，因此其化合价本身就为0。换句话说，单质的化合价总为"0"。

看一眼
就懂的化学常识

关于化学式和化合价一眼就要记住的知识点

化学式的基本规则	每种纯净物的组成是固定不变的，所以表示每种纯净物的化学式只有一个
	氧化物化学式的书写，一般把氧的符号写在右边，另一种元素的符号写在左边
	由金属元素与非金属元素组成的化合物，书写化学式的时候，金属元素符号一般写在左边，非金属元素符号一般写在右边
	由两种元素组成的化合物，一般读作某化某，有时还要读出化学式中各种元素原子的个数
化合价	化合物有固定的组成，形成化合物的元素有固定的原子个数比
	化合价有正有负，在化合物中，正、负化合价的代数和为零
	某些带电的原子团，经常作为一个整体参加反应，这样的原子团叫作"根"，它们整体呈现一种化合价

小结

　　化学式和化合价是探究化学的基础，只有充分掌握化学式的书写规则，掌握化合价的特点，才能深入地了解更加复杂的化学反应，为遨游化学世界打下坚实的基础。

第五章

你氧化来，我还原

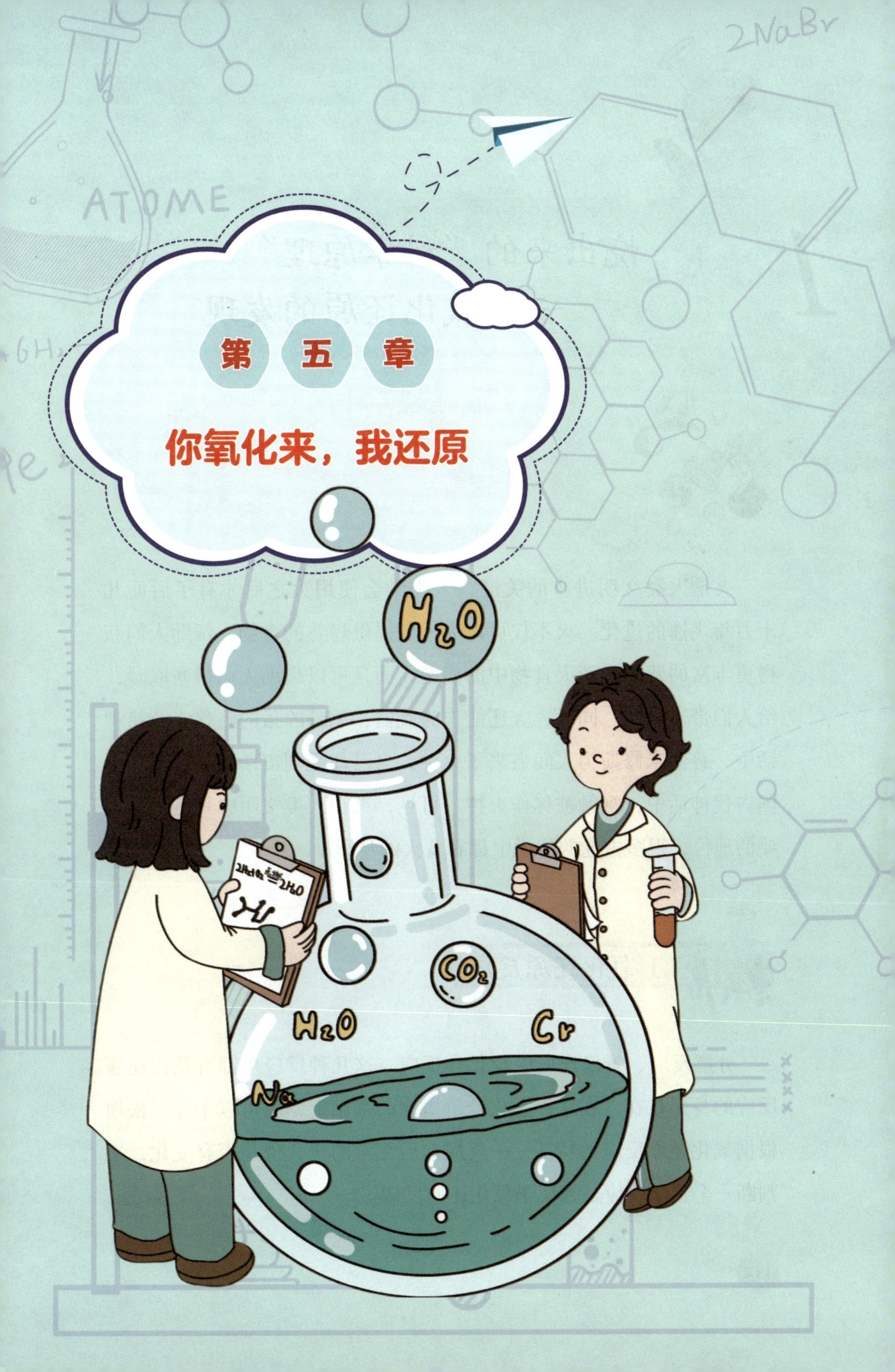

1

烧出来的"科学原理"
——氧化还原的发现

火是人类文明进步的关键，人类学会使用火之后才有了后面几十万年飞速的进化。火不仅可以为人们提供烤熟的食物，帮助人们获得更丰富的营养，消灭食物中的病菌，而且可以帮助人们御寒取暖，给人们带来光明。同时，火还能作为武器，驱赶凶猛的野兽。希腊神话中，普罗米修斯为人间盗来了火种，自己却受到宙斯的惩罚。在中国古代神话中，祝融被称作火神。可见，火在人类文明中具有十分重要的地位，很多古老的传说中都有着火的身影。

1.1 氧化还原反应

分解反应、置换反应以及化合反应，这几种反应中都有氧化还原反应的身影存在。在掌握了化合价概念的基础上，就可以十分轻松地根据氧化还原反应的特征——反应前后元素的化合价是否有变化，来判断一个化学反应是否属于氧化还原反应。

从微观上讲，氧化还原反应实际上是两个反应——氧化反应和还原反应。氧化反应，是物质所含元素化合价升高的反应；还原反应，是物质所含元素化合价降低的反应。那么不难理解，氧化还原反应是化合价既有升高又有降低的反应。在氧化还原反应中，之所以会发生化合价的升高和降低，主要因为元素之间在反应的时候发生了"电子之间的交易"。通常在反应过程中获得电子的物质，我们称其为氧化剂；在反应中失去电子的物质，我们称其为还原剂。我们可以形象地理解为：在"电子交易"的过程中，氧化剂是购买者，得到了电子；还原剂是提供者，失去了电子。这样"有得有失"，一次氧化还原反应的"交易"就算达成了。

氧化剂得到电子的这种性质被称为"氧化性"，而还原剂失去电子的这种性质自然就被称为"还原性"。氧化还原反应是化学反应中的基础反应之一，也是生活中我们经常见到的反应类型之一。虽然氧化还原反应不属于"化学王国"中的四大基本反应类型，但是，在四大基本反应类型中却包含着很多氧化还原反应。被我们熟知和利用的燃烧现象，就是一种发光发热的剧烈的氧化还原反应。

18世纪末，化学家在进行化学反应的探索中，在总结分析了许多物质与氧的反应后，发现这类反应具有一些相似特征，提出了氧化还原反应的概念：与氧化合的反应，称为氧化反应；从含氧化合物中夺去氧的反应，称为还原反应。随着化学的发展，人们发现，许多反应与经典定义上的氧化还原反应有类似特征。19世纪，化合价的概念逐渐完善后，化合价升高的一类反应统称氧化反应，化合价降低的一类反应统称还原反应。20世纪初，化学键理论初步建立，于是又将失电子的半反应称为氧化反应，得电子的半反应称为还原反应。

烧烤

孔明灯

照明

取暖

图 37　日常生活中燃烧的一些用途

看一眼就能记住的知识点

　　元素的化合价有变化的一类反应，被称作氧化还原反应。

　　氧化还原反应是原子内部得失电子的过程，表现为化合价的变化。化合价升高的反应为氧化反应，反之则为还原反应。

1.2 燃烧的化学原理

　　燃烧可能是人类文明诞生以来，最早被利用的化学反应。火的发现和对火的利用，彻底将人类带入了一个崭新的时代。人们开始吃烤

熟的肉类，同时可以利用燃烧发出的光和热去探索未知的世界，走出
洞穴，抵御野兽的袭击。

图 38　原始人围绕燃烧的篝火跳舞

　　燃烧的过程，是一个发生剧烈氧化还原反应的过程。现代社会虽
然已经利用燃烧反应几千年了，但是，依然无法完全控制住这头"猛
兽"。火灾一旦发生，会吞噬掉一切，森林、草地、动物甚至人的生
命。我们看到过大火把原始森林烧为灰烬；也看到很多人因建筑物发
生火灾而被夺走生命。所以，燃烧反应虽然是我们生活中不可或缺的
化学反应，但是，有时候我们需要防备这头"猛兽"。下面我们来听
一听，小火苗是怎么和我们说的。

图 39　燃烧是十分剧烈的氧化还原反应

　　大家好，我是一个小火苗，我出生后，就充满了激情，而且特别喜欢探索未知的世界。我活泼好动，喜欢和空气做朋友。同时，我也是你们人类的伙伴，想必大家每天吃饭都是通过我把饭做熟的吧。但是，我有时候脾气很暴躁，因为贪玩和暴脾气，也会闯下不小的祸。

　　有一次，一个小朋友和家人去森林里游玩。正是秋天的时候，秋高气爽，森林中金色枯黄的落叶堆积了一地，像铺了一层金色的毯子，踩上去软软的特别舒服。他和爸爸妈妈在最美丽的一棵树下，生火野炊。我看到他们一家十分相亲相爱，于是帮助他们做熟了他们最爱吃的烤肉和蘑菇浓汤。我也想去森林里转转，这时候，小朋友似乎听懂了我的内心独白，故意拿起一根还有火星的木棍去森林深处玩耍。爸爸妈妈喊他回去的时候，他把木棍丢在了森林里。我顺着木棍跳到了一株枯草上，那感觉太棒了，我又顺着枯草爬上了一棵大树，等我玩到尽兴的时候，才发现我已经把一大片森林给烧着了。此时，远处传来了消防车的声音，我有些害怕，此时我已经控制不住自己了，火焰随着风继续在森林里乱窜。经过了一天一宿，我才被消防员战士捉住。美丽的森林变得一片狼藉，很多树木都被烧焦了，变得黑黢黢的，一些小动物失去了自己的家园，我特别惭愧。

　　作为小火苗，我要用我的亲身经历来告诉大家，当你们去森林里游玩野炊的时候，一定要把我带走，千万不能把一点点的火苗留在森林里，那样会酿成无法挽回的后果。如果发现了森林火情，大家记住千万不要再进入森林里，而要第一时间拨打报警电话"119"，通知消防员来现场扑灭大火。森林是人类共同的家园，也是我们火苗的好朋友，需要我们共同保护它。所以，我从一团火苗的角度来向大家宣传森林防火的知识，就是想要大家提高警惕，让作为火苗的我给大家带去的是温暖与明亮，而不是森林火灾后的一片狼藉。我喜欢烹饪食物后，大家享受美食的笑脸，不喜欢火灾后，大家的垂头丧气；我喜欢在黑夜里照亮大家在森林中前进的道路，不喜欢把整个森林翻得底朝天。森林防火，人人有责，从自身做起，成为火苗的朋友吧。

图40 可怕的森林大火

看一眼 必须收藏的知识点

燃烧是剧烈的氧化还原反应。燃烧的条件有：可燃物；氧气（或空气）；达到燃烧所需的最低温度（着火点）。

小火苗的介绍，让我们知道了火的脾气秉性。实际上，一场燃烧反应要想真正地发生，三个要素缺一不可，可燃物本身、氧气（或空气）以及达到燃烧所需的最低温度。在认识到这三点之后，我们可以从这三个必需要素出发，进行火灾的预防。

1.3 灭火的原理

星期天的中午，朵朵一家人在家中享受着周末悠闲的时光。爸爸在书房看书，朵朵在客厅看电视。前一天，一家人去了一趟超市，把

周末要做的大餐的食材都备齐了。妈妈收拾好屋子后，开始在厨房忙碌了起来。妈妈可是做饭的能手，煎炒烹炸，样样精通。此时，妈妈正在做朵朵最爱吃的红烧大鸡腿。锅中倒上了油，大火加热。就在这个时候，爸爸喊妈妈："老婆，我新买的那本书放在哪里了？"此时，妈妈一边埋怨爸爸丢三落四，一边到书房里帮助爸爸寻找起来。全然忘记了天然气灶上还有一口热的油锅。

一阵呛人的烟从厨房里冒出来，朵朵最先闻到，赶忙叫爸爸，此时厨房的油锅已经蹿起火苗。妈妈慌张地想要用水去浇灭，被爸爸拦住了，爸爸冷静地关闭了气阀，然后从冰箱后的角落里拿出了一个灭火器，只见他动作敏捷，一顿操作，对着着火的油锅喷出了白色的泡沫。"嚣张"的火苗一下子就消失了。只是白色的泡沫弄了一厨房，爸爸的鼻子上都是泡沫。本来吓坏的妈妈和朵朵看到爸爸滑稽的样子，都笑了起来。

朵朵爸爸在单位里负责消防工作，是一名消防工程师。他对于灭火器和灭火知识可以说十分了解。

物体一旦燃烧起来，我们下意识的想法是用水浇灭。但是，实际生活中，不是所有的火都能用水浇灭的。油锅的起火就不能用水浇灭，因为油的密度比水小，燃烧的热油会浮在水的表面继续燃烧，用水去浇燃烧的油锅，可能会使得火势蔓延，难以控制。正确的方法是像朵朵爸爸一样，用家用的灭火器来进行油锅的灭火。

其实，日常生活中的灭火器的灭火原理很简单，就是通过隔离可燃物、阻隔氧气（或空气）、降温至着火点以下来达到灭火的目的。

日常生活中经常见到的灭火器有干粉灭火器、二氧化碳灭火器以及水基灭火器。

干粉灭火器利用压缩的二氧化碳吹出干粉，覆盖在可燃物表面，阻绝可燃物与空气接触，达到灭火的目的。干粉的主要成分是碳酸氢钠（$NaHCO_3$）。干粉灭火器流动性好，喷射率高，不容易变质，可以长久保存，且成本较为低廉，但是灭火后可能对周围环境有所污染和破坏。二氧化碳灭火器是将加压后变为液态的二氧化碳，储存在小钢瓶里，灭火时将其喷出，因为压缩的二氧化碳在汽化的时候会吸收大量的热，这样可以降低燃烧反应中可燃物的温度，使得其温度降低到着火点以下，达到降温灭火的效果，同时二氧化碳为不可燃气体，能够起到隔绝氧气（或空气）的效果，最终达到灭火的目的。二氧化碳灭火器灭火时不会留下痕迹或损毁物品，适用于一些图书档案以及精密仪器的灭火，但是其不容易储存，容易变质。以上两种灭火器是传统灭火器，目前市面上还有一种新式灭火器——水基灭火器，它能够产生泡沫，喷在燃烧物的表面，泡沫层会析出水，在燃烧物表面形成一层水层，使可燃物与空气隔绝，达到灭火的目的。水基灭火器相比传统的灭火器灭火效果更好，并且对于环境更加友好，可以耐冬天很低的温度，容易保存。

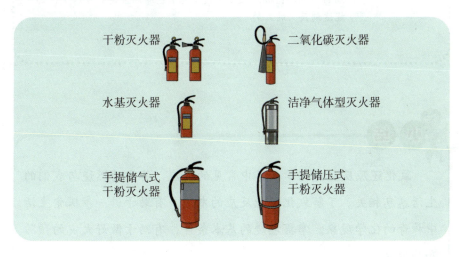

图 41　常见的几种灭火器的类型

　　隔离可燃物；隔绝氧气（或空气）；降温至着火点以下，都能达到灭火的目的。

　　利用燃烧的"三要素"进行灭火，是扑灭大火的根本原理。日常生活中，要掌握科学的灭火方法，才能在火灾出现的时候，更加冷静地处置，减少伤亡和损失。

氧化还原反应中需要掌握的知识点

氧化还原反应	化合价有升高、有降低的反应是氧化还原反应；升高为氧化反应，降低为还原反应
燃烧	最为常见的一种氧化还原反应
	燃烧的条件：可燃物；氧气（或空气）；达到燃烧所需的最低温度（着火点）
	隔离可燃物；隔绝氧气（或空气）；降温至着火点以下，都能达到灭火的目的

小　结

　　氧化还原反应是化学世界中常见的反应，其中的燃烧与我们的生活息息相关。了解氧化还原反应的本质，有助于进一步探索生活中神奇的化学现象。掌握燃烧的基本条件，有助于做好火灾的预防和扑救。

2 化妆品藏着小秘密
——日常生活与氧化还原

朵朵的妈妈是一名化妆品的导购。小的时候，朵朵经常到妈妈工作的地方，看妈妈将各种"瓶瓶罐罐"摆放在透明的柜台上，等着人们把它们"带回家"。朵朵一直有一个疑惑，这些瓶子里装的"药水"到底有什么魔力，可以让人的皮肤变得光滑细腻。直到后来，她接触了化学学科，才了解到化妆品中藏着很多不为人知的小秘密，这些小秘密，与氧化还原反应有着一定的联系。

2.1 皮肤中的秘密

日常生活中，我们有过这样的经验，一个苹果削掉了皮，果肉暴露在空气之中，经过一段时间我们会发现，原本浅色的果肉会"坏掉"，形成一片褐色的斑点。实际上，这并不是果肉坏掉了，而是因为苹果的果肉中有着丰富的铁元素，完整的苹果在果皮的保护下，果肉中的铁元素与空气无法直接接触，一旦果皮被破坏，果肉暴露在空

气中，铁元素就会和空气中的氧气发生氧化还原反应，铁元素被氧化，从而使果肉呈现出"褐色的斑点"。

其实人类的皮肤也和苹果的果皮一样，只是我们皮肤的组成元素更加复杂。而人类的细胞中也含有铁元素等一系列元素，暴露在空气中，容易受到空气中氧气的氧化，进而导致我们的肤色变暗，细胞失去活力而显得衰老。平日里，我们自身的皮肤系统中，会从摄入的食物中获得修复氧化受损皮肤细胞的营养元素，例如维生素C、维生素E等。人体的细胞处于不断的代谢中，一些损坏的、衰老的细胞就会被代谢掉，新的细胞就会填充。年轻的时候，这种代谢能力比较旺盛，而随着年龄的增长，代谢速度会相对放缓。

一些化妆品中，正是添加了以上的元素，促进皮肤完成代谢。这些成分能够激活细胞的活力，帮助细胞对抗空气中的氧气，减缓"氧化还原"反应的过程，让皮肤更加有弹性，保持良好的肌肤状态。

看一眼就能记住的知识点

我们的皮肤为了对抗外界的侵蚀与伤害，会产生很多抗氧化的化学成分，例如维生素C、维生素F等。

细胞中的一些元素容易被空气中的氧气氧化，因此，化妆护肤的本质，是帮助皮肤对抗"氧化还原反应"。

对皮肤细胞的研究发现，对于青少年来说，自身的细胞代谢迅速，完全不用担心皮肤氧化的问题，因为只要科学饮食，合理作息，皮肤的状态一般都会很好。此外，多吃蔬菜水果，例如柠檬（含有维生素C）以及绿叶菜（含有维生素E），也可以帮助我们保持良好的皮肤状态。

图 42　生活中用各种化妆品帮助皮肤对抗氧化

另外，青少年应该追求自然的美、心灵的美，只要生活中积极向上，学习上认真主动，就会拥有别样的气质，这种气质是再昂贵的化妆品也无法带来的。

图 43　青少年应该更多地注重内在的涵养与美丽

日常生活中，皮肤暴露在空气之中，环境的不同对于皮肤的影响也会不同。外部的紫外线、环境污染，内部不合理的饮食，

不良的生活习惯，例如抽烟、酗酒以及情绪压力等都会导致皮肤的衰老。目前看，自由基是导致衰老的主要因素，会破坏细胞结构，导致细胞失去活力。它容易与空气中的氧气产生氧化还原反应，导致皮肤松弛、失去光泽。护肤品利用抗氧化剂能有效渗透皮肤，阻挡自由基对皮肤的伤害，人们可以根据自身皮肤的状态选择不同的护肤品来保护皮肤。

看一眼 必须收藏的知识点

　　抗氧化是抗氧化自由基的简称。自由基是人体新陈代谢的自然产物。

　　护肤的基本原理，就是通过添加化学成分，帮助人们提升细胞的代谢能力，减少氧化作用对人体皮肤的损坏。

图44　日常做好皮肤的清洁和保护可以让皮肤焕发更好的活力

爱美之心人皆有之，化妆品中蕴含的氧化还原反应的知识，是人们日常生活应用化学知识的重要体现。对于青少年，掌握知识，积极探索知识应用的途径，才是变"美"的关键。

3 糟糕，生锈了！
——常见的氧化还原

今天是暑假的第一天，爸爸带领朵朵去整理许久未收拾的阁楼。这上面可是堆满了家里不用的各种物品。很多东西都是朵朵小时候的物品，有自行车、破旧的洋娃娃、翻看了一遍又一遍的漫画书以及朵朵上幼儿园时候的奖状和照片。阁楼上，除了朵朵的东西，还有爸爸妈妈的东西，爸爸很久不骑的自行车、妈妈不用的炒锅和吸尘器，等等。总之，这个阁楼就仿佛是被时间遗忘的另一个世界，里面装满了一家人曾经的记忆。打开阁楼的门，卷起了地面的灰尘，昆虫的窸窣和老鼠四散的声音伴随着阁楼门的打开而消失。爸爸和朵朵戴上口罩和手套，开始了认真的清理。一边清理，朵朵一边问着爸爸老物件的来历，爸爸就一一为朵朵介绍，特别是朵朵使用过的东西，爸爸都能想起来是她什么时候用的。父女俩看上去是在整理房间，不如说是在暑假这样一个温暖的午后，开启了一段回忆的旅程。此时，朵朵看到了爸爸许久不曾骑的自行车，发现曾经闪闪发光的金属车把和车身，已经布满了灰尘和一层褐色的东西。那些灰尘用抹布很快就擦掉了，但是那些深褐色的东西，却十分顽固，任凭朵朵怎么擦也擦不掉。朵朵开始求助爸爸，爸爸笑着说："这是铁锈，单纯地用抹布可是擦不掉的，需要用一些小妙招来清除它。"接下来，爸爸就把铁生锈的来龙去脉给朵朵进行了讲解。

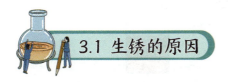

3.1 生锈的原因

空气中，氧气是最重要的组成之一，氧气也是氧化还原反应中一种重要的气体。在前面探索化学知识的过程中，我们发现很多金属都是活泼的，而且它们在化合物中的化合价多数为正，说明其容易失去电子，容易被氧化。根据金属活泼性的不同，不同金属与氧气反应的程度也不同。最为活跃的金属钠，当暴露在空气中时，很容易和空气中的氧气发生反应，形成氧化钠（Na_2O），最为直接的现象就是表面变暗。将钠放入水中，就能发生十分剧烈的氧化还原反应。在现实生活中，很多我们熟知的金属，比如铁，虽然不如钠反应得那样迅速，但随着时间的推移，还是会缓慢地发生氧化还原反应，而这个过程就是生锈的过程。朵朵在爸爸自行车车把和车身上看到的红褐色的东西，就是铁暴露在潮湿空气中，逐渐发生氧化还原反应的具体体现。

生锈是一种化学反应，当铁被长时间暴露在潮湿的空气中时就会生锈。生锈后铁的表面会附着一种氧化后的产物——红褐色的铁锈，这种铁锈的主要成分是氧化铁，又叫三氧化二铁，也被称为"铁红"。

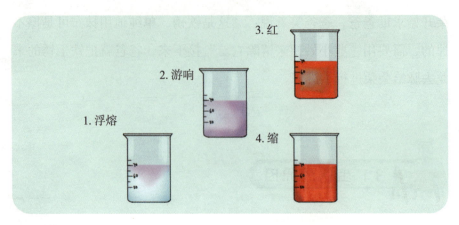

图 45　钠与水发生剧烈的反应，放出光和热

　　铁容易生锈，除了由于它的化学性质活泼以外，同时与外界条件也有很大关系。水是使铁容易生锈的物质之一。然而，只有水也不会使铁生锈，只有当空气中的氧气溶解在水里时，氧在有水的环境中与铁反应，才会生成铁锈。铁锈是一种红褐色的物质，它不像铁那么坚硬，很容易脱落。一块铁完全生锈后，体积会胀大。如果铁锈不除去，海绵状的铁锈特别容易吸收水分，铁也就生锈得更快。

图 46　暴露在潮湿空气中锈迹斑斑的自行车

铁锈不仅影响美观，还会降低铁自身的强度，这对于一些铁器和铁制工具来说，直接影响其使用时的安全性。锈蚀的铁其强度和承重的能力都会下降，特别对于一些锈蚀严重的铁器，即使除锈完成，也无法正常使用了。

朵朵爸爸看了看锈迹斑斑的"老爷车"，想起了以前和同学骑行的日子。他检查了一下，感觉生锈的程度不是很严重，经过处理应该可以让这辆自行车焕发出新的活力。

看一眼就能记住的知识点

生锈是一种化学反应，本质上是金属的氧化反应。

生活中最常见的铁器生锈，就是铁在潮湿的空气中，与空气中的氧气和水发生了氧化还原反应而呈现的一种化学现象。

看一眼必须收藏的知识点

铁生锈是一种氧化还原反应，其过程相对复杂，必须在潮湿环境中完成，反应的化学方程式是：

$$4Fe+3O_2+xH_2O \xrightarrow{\text{潮湿环境}} 2Fe_2O_3 \cdot xH_2O。$$

3.2 除锈的原理

看着锈迹斑斑的自行车，朵朵陷入了思考，这些铁锈可真顽固，

怎么清洗也清洗不掉。此时爸爸从工具箱中找到了一张砂纸，他对朵朵说："想要去除表面的铁锈，可以试试这种砂纸。它可以把铁锈打磨干净。"朵朵按照爸爸的指示，开始用砂纸打磨起自行车生锈的部位，果然，没费什么力气，就把上面红褐色的铁锈打磨下来了。

爸爸又叫朵朵去厨房取来了白醋。朵朵很好奇白醋是用来干什么的。取来后，爸爸把白醋倒在了生锈比较严重的部位，神奇的现象出现了，只见自行车生锈部位的表面出现了一些小的气泡，不一会儿，那些铁锈开始脱落。爸爸拿洗干净的布在上面一擦，刚才砂纸打磨不掉的铁锈被神奇地去除了，整个自行车焕然一新。

爸爸说，这是因为醋里面的醋酸（CH_3COOH）可以和铁锈发生化学反应，从而将其转换为可以溶于水的盐，同时醋酸也会和铁发生反应，生成氢气，这也是为什么会看到表面有气泡产生。爸爸把擦拭好的自行车放到院子里，用水冲洗了一遍，然后擦干并给车胎补足了气。沉睡在阁楼中的自行车，仿佛获得了"重生"，变得像新车子一样，一开始锈迹斑斑的模样已经不复存在。此时，爸爸叫朵朵拿来了牙膏，并将牙膏涂在了车子的划痕处。完成后，爸爸又找来了清油漆，为车子容易生锈的部位涂上了油漆。朵朵很好奇，爸爸说，这是为了保护自行车，防止以后生锈。

图 47　工人正在对汽车进行防锈处理——涂抹防锈油漆

爸爸骑着修好的自行车，带着朵朵去兜风。一个愉快的假期就此开始，朵朵也从劳动中学习到了很多知识，掌握了生活的基本常识。

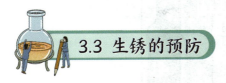

3.3 生锈的预防

日常生活中，利用好物理和化学手段，可以有效地防止铁器生锈，可以极大地提升铁制工器具的耐久性，能够让铁制的工器具在日常生活中有更长的使用寿命。

首先，经过研究，人们发现，在铁中加入一定剂量的其他金属成分，就能极大地提升铁的耐久性和强度，使得铁不易生锈。这就是当前人们生活中经常使用的一种材料——不锈钢。不锈钢是在冶炼铁的时候加入少量的铬（Cr）和镍（Ni）金属，使得铁的化学性质得到改变，不仅变轻了，而且还可以有防锈的效果。这种不锈钢在人们的生活中，被应用在很多的工器具上，成为人们经常使用的一种合金。合金的出现，从源头上实现了防锈。

其次，因为与铁发生反应，导致铁生锈的"罪魁祸首"是空气中的氧气，那么在铁制品的表面形成一层保护层，隔绝空气，就能达到防止生锈的目的。现实中，经常应用的方法是在铁器的表面涂上防锈的油漆，以此隔绝空气；此外，可以在出厂的时候利用电镀技术，在铁器的表面电镀上一层不容易生锈的金属，如锌、铬等。这些金属能够在其表面形成一层致密的氧化物薄膜，从而达到隔绝空气的效果。

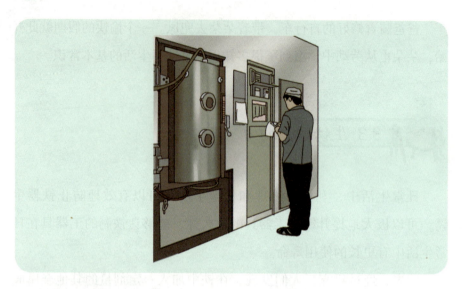

图48 现代化计算机控制的电镀金属车间

最后，对于重要工器具，要经常进行除锈保养，做好表面的清洁，保持其使用环境的干燥，这也是防止铁制品生锈的有效方法。

图49 工人正在为铁制品的表面进行防锈保养

看一眼就能记住的知识点

　　防止生锈的办法主要有：1. 与其他金属形成合金；2. 在铁制品表面建立保护层；3. 保持环境干燥和铁制品表面清洁。

　　了解生锈的原理，针对生锈的原因，采取不同的化学和物理方法，能够有效延长铁制品的使用寿命，减少生锈对其造成的损坏。

关于生锈以及防锈需要记住的知识点

生锈	本质上是金属发生了氧化还原反应。铁生锈是一个氧化还原反应，其过程相对复杂，必须在潮湿环境中完成，反应的方程式是 $$4Fe+3O_2+xH_2O \xrightarrow{\text{潮湿环境}} 2Fe_2O_3 \cdot xH_2O$$
防止生锈的措施	防止生锈的办法主要有：1. 与其他金属形成合金；2. 在铁制品表面建立保护层；3. 保持环境干燥和铁制品表面清洁

 小结

　　氧化还原反应在日常生活中处处可见，铁的生锈就是典型的氧化还原反应。掌握其本质原理，采取有针对性的措施，就能做好除锈以及防锈的保护。

4 怎样让白衬衫越洗越白？
——氧化还原的应用（1）

明天朵朵一家要去参加小姨的婚礼，这可忙坏了朵朵的妈妈。她不仅要为朵朵准备好参加婚礼的衣服，还要为朵朵爸爸准备许久不穿的白衬衫。那件白衬衫还是上次朵朵爸爸入职面试的时候穿的，在柜子的角落里放了很久了。当朵朵妈妈找出来后，爸爸穿上试了一下，还算合身，可是领口和袖口发黄，怎么洗也洗不掉。这可难坏了妈妈，现在去买也来不及了，只能再好好地洗一下。朵朵的脑袋瓜里又出现了一个让她困惑的问题，为什么白衬衫放在那里，没有晒也没有穿，可还是会发黄呢？

4.1 发黄的白衬衫

日常生活中，我们很多人都曾经产生过和朵朵一样的困惑，那就是，明明洗得十分干净的白衬衫或者其他的白色衣物，在柜子里放了一段时间后，就变得发黄。实际上，这是一种十分常见的氧化还原反应，也是我们生活中经常遇到的一种化学反应。

白衬衫等白色的衣物特别是棉质的衣物，其内部含有纤维素和蛋白质等有机物。当白衬衫与空气中的氧气接触时，在漫长的时间过程里，这些有机物就会被空气中的氧气氧化。氧气中的氧分子可以与有机物中含有氢原子的部分发生反应，形成氧化产物。部分氧化产物会呈现出黄色，因此导致白色的衣物泛黄，影响观感。

另外，白衬衫穿着的时候可能会接触其他的物质，比如汗水、油渍、灰尘等，这些污染物附着在衬衫表面，如果不及时清理或者是清理不干净，时间久了，这些物质中的化学成分也会与衬衫中的有机物发生化学反应，导致白色的衬衫变成黄色。朵朵爸爸的衬衫就是因为这种无法避免的氧化还原反应而发黄。

看一眼就能记住的知识点

　　白衬衫许久不穿发黄的原因是衬衫中的成分与空气中的氧气发生了氧化还原反应。

　　空气中的氧气与衬衫中的有机物发生了氧化还原反应，这是衬衫发黄的根本原因，其本质是化学变化。

4.2 如何去除黄色污渍

在明白了衬衫为什么会变黄后，我们可以利用化学反应的特性有针对性地去除发黄衬衫上的颜色，让衬衫洁白如新。生活中，我们首

先可以用的就是市面上能买到的各种洗涤剂，经常使用的漂白剂是不错的选择。

次氯酸钙，俗称漂白粉[Ca（ClO）$_2$]，是白色粉末，外观与熟石灰相似，当暴露于空气中时，易与空气中的水分和二氧化碳反应形成具有漂白性的次氯酸（HClO），次氯酸易分解生成盐酸和氧气，导致漂白粉失去漂白性，因此，漂白粉不宜久存。应注意次氯酸钙在漂白时所形成的盐类是钙盐，易在织物表面沉积而影响其漂白效果，而次氯酸钠在漂白时形成的是钠盐，易溶于水而被洗去，不影响其漂白效果。

过氧化氢俗称双氧水，化学式为H_2O_2，是一种优良的氧化性漂白剂，漂出产品的白度和白度的稳定性都较次氯酸盐效果好，对纤维的损伤较小且效果出众，没有产生黄斑的危险，在漂白过程中不产生有害气体，可以广泛使用。双氧水在医学上多被用作杀菌的药剂，在生活中，它也是一种多用途的漂白剂，可用来漂洗丝类、棉毛、人造纤维、纤维素等材质的衣物。

图 50　医学上经常使用双氧水为伤口消毒

以上两种化学类的漂白剂都具有很强的漂白作用，它们主要应用了漂白剂成分中化学物质的强氧化性，可以将衬衫中的一些有色物质进行氧化，从而使得其成分改变，最终实现漂白的目的。

此外，除了漂白剂，还可以利用一些常见的物品让衬衫越洗越白。

朵朵爸爸从冰箱里拿出来一个柠檬，然后将柠檬汁涂抹在衬衫发黄的污渍上面，用温水浸泡了一会儿，神奇的事情就发生了，那些看上去很难洗掉的黄色污渍，逐渐消失不见了。朵朵爸爸说，这是因为柠檬中含有酸性的物质，可以与污渍中的成分发生氧化还原反应，使得这些污渍发生分解，从而去除这些污渍。此外，也可以用白醋、食盐浸泡衬衫，然后用清水将衬衫漂洗干净，再晾干，烦人的白衬衫的黄色污渍就会消失不见。

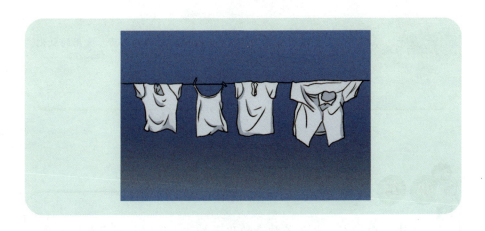

图 51　应用好化学方法可以让衣物越洗越白

这些生活的小妙招，都与神奇的化学反应有关系。朵朵看到爸爸的操作，不禁佩服爸爸的"博学"，同时她对于化学世界的知识也有了更深的兴趣。神奇的化学，对我们的生活太有帮助了。掌握化学知识，不仅可以解释很多生活现象，我们还能成为生活中的"妙招小达人"。

看一眼 必须收藏的知识点

利用好氧化还原反应，可以有效去除白衬衫的污渍。常用的氧化漂白剂有次氯酸钙、过氧化氢。

生活中漂白方面需要掌握的知识点

衬衫发黄	本质上是衬衫中的有机成分与空气中的氧气发生了氧化还原反应
漂白原理	利用好氧化还原反应，可以有效去除白衬衫的污渍。常用的氧化漂白剂为有氯酸钙、过氧化氢

 小 结

小小的白衬衫，也藏着神奇的化学知识。了解衬衫变黄的本质，就能有针对性地采取策略，使用对应的化学物质，完成衬衫的漂白，做一个"生活小达人"。

5 醋是怎样酿成的？
——氧化还原的应用（2）

又是一年一度的春节，今年春节，爸爸和妈妈领着朵朵去山西的爷爷家里过年。腊月二十八，一家人开车从家出发，经过了一段旅程后，朵朵跟随爸爸妈妈到达了爷爷家。一进院子，朵朵就看到爷爷家的门口放了几口巨大的缸，从里面传来阵阵的酸味。朵朵不解，这是什么东西？

大年初一吃饺子，奶奶来到院子里的几个"神秘大缸"前面，只见奶奶打开上面的盖子，用舀子从中舀出了一些黑色的液体，朵朵这才看清楚，原来缸里边装的都是醋。朵朵平日里不怎么爱吃醋，她觉得醋很酸。但是这次不一样，她尝了一下爷爷家的醋，感觉从来没有吃过这么好吃的醋，酸中带着甜味，甜味中带着一些酸味，就着初一的肉馅饺子吃，可真是太美味了。饭后，朵朵给爷爷奶奶拜年，祝愿他们健康快乐。坐在一起聊天的时候，说起了酿醋，爷爷打开了话匣子。

5.1 醋的制作

制作醋的原材料其实很简单，就是我们平日里吃的五谷杂粮以及水果等。制作不同的醋所选取的原材料是不同的。陈醋一般使用的原材料是谷物，如高粱、甘薯等；而酿造果醋一般使用的原材料是水果。

醋的酿造是生物作用和化学作用共同的结果。首先需要将原材料进行粉碎蒸熟，这样可以有效地杀死原材料中的微生物，同时加大微生物的接触面积，有利于后续的发酵，加速原材料的糖化。

将蒸熟的原材料放置一段时间，温度大致降到40℃以下，此时拌入曲及酵母，翻拌2～3次，当温度降至17～18℃，即可开始制醋。较低的温度有利于谷物糖化以及酒精（C_2H_6O）的发酵。酒精的产量高，可以抑制杂菌，因为制醋的主要化学反应过程就是酒精在微生物的作用下，通过氧化还原反应转换成为醋酸的过程。所以酒精含量越多，转换成的醋就越浓郁，品质也就越好。

将拌曲后的原材料装进发酵缸中，进行发酵。在这个过程中，发酵的酒精经过氧化还原和酸化反应，生成乙醛，然后继续氧化生成醋酸。在整个发酵的过程中，最重要的就是控制好发酵期间的温度，要做好通风，均匀地翻动原材料，并掺入谷糠，增加疏松程度，供氧增温，促进反应的进行。一般7天后，发酵坛内的温度开始下降，说明酒精的氧化还原反应已经"到站"，整个酿醋过程中的醋化基本完成。

图 52　手工酿醋的工匠正在将拌曲的原材料放进醋缸中进行酸化发酵

　　发酵坛内的氧化还原反应完成后，醋酸形成，此时会在新酿的醋表面看到一层薄薄的醋酸菌膜，有着刺鼻的酸味。发酵好的醋，上层呈现清亮的橙黄色，中下层为乳白色。经过后期的调味，就可以进入千家万户，来到餐桌之上了。

图 53　酿造好的醋上层呈现清亮的橙黄色

　　我国有着悠久的酿醋历史，醋可以说是中国人餐饮中必不可少的一种调料。

　　相传古代的时候，醋是酒圣杜康的儿子黑塔发明的。杜康发明了酒，他儿子黑塔跟随着父亲酿酒。他在酿酒坊里吃苦耐劳，提水、搬缸，每一样活都是一把好手。不久他就学会了父亲的手艺，也能够酿造出美酒来。

　　后来，黑塔觉得酿酒后酒糟扔掉很可惜，就存放起来，在缸里浸泡。到了二十一日的酉时，一开缸，一股从来没有闻过的香气扑鼻而来。在浓郁的香味诱惑下，黑塔尝了一口，酸甜兼备，味道很美，便贮藏着作为"调味浆"。这种调味浆叫什么名字呢？黑塔通过"二十一日"加"酉"字来命名这种调料——"醋"。

　　我国是世界上很早就开始利用谷物酿醋的国家。春秋战国时期，已有专门酿醋的作坊。到汉代时，醋开始普遍生产。南北朝时，食醋的产量和销量都已很大，名著《齐民要术》曾系统地总结了我国劳动人民从上古到北魏时期的制醋经验和成就，书中共记载了22种制醋方法。

　　醋的种类有很多，根据醋生产的原理，只要可以通过发酵产出酒精的原材料都可以用来进行酿醋。现代生活中，食用醋种类琳琅满目，有果醋、红枣醋、米醋、白醋等。酿醋的历史悠久，我国从清朝就流传至今的"四大名醋"依然享誉世界，分别是山西陈醋、保宁醋、镇江香醋以及福建红曲米醋。

看一眼必须收藏的知识点

　　醋的酿造是一个十分复杂的生物与化学反应的过程。酿醋需要进行发酵，将原材料中的酒精转化为醋酸。

5.2 醋的化学性质

　　食用醋是一种酸性较弱的酸，虽然酸性弱，但是它有着酸的特点，可以与一些金属发生反应。在前面章节介绍过，利用食醋可以去除生锈铁器上的铁锈。另外还可以用醋来进行消毒杀菌。

　　在现实生活中，食醋有着广泛的用途。首先，醋是我们生活中离不开的主要调味品之一。炖肉的时候加入香醋，可以使肉更加软烂，更有风味；拌凉菜的时候，醋可以提鲜增味。无论南北各地的饮食风俗差异有多大，醋一直以来都是南北餐桌上经常使用的一种调味料。

　　生活中，醋的用途有很多。炒菜时加少许醋可防止维生素流失；烧鱼放醋可使鱼骨中的钙质更容易被人体吸收；油炸食品蘸醋吃可除油腻；用醋擦家具可除异味；水壶里的水垢太多可用温热的醋浸泡后再清洗；衣物上的果汁和锈迹也可用醋除去；等等。在化学工业中，醋中所含的醋酸更是极其重要的原料，用它制成的各种香精是许多饮料中不可或缺的成分。

　　在中医里，醋还是一味中药，对于降低血压、软化血管有着一定的作用；还可以用醋来进行消毒杀菌以及消肿止痒。酿造的果醋中含有很多有益的营养成分，经常饮用一定量的果醋，可以起到美容养颜的功效。

　　醋对人们的生活有很大的作用，我们日常生活也离不开醋。化学始终伴随着我们的日常生活，让我们感受到世界的奇妙。

醋是一种弱酸，其主要成分是醋酸。

与醋相关的需要记住的化学知识点

醋	醋的酿造是一个十分复杂的化学反应过程。需要进行发酵，将原材料中的酒精转化为醋酸
	醋是一种弱酸，其主要成分是醋酸

小结

　　醋酿造的过程不仅是化学反应的过程，也是生物学应用的过程。醋的酿造工艺复杂，悠久的酿醋历史彰显了我国劳动人民的智慧。醋在我们日常生活中必不可少，它的好处很多，是神奇的化学世界给予我们的馈赠。